VOLUME 1

PAULO MACCEDO

COPYWRITING
O MÉTODO CENTENÁRIO DE ESCRITA MAIS COBIÇADO DO MERCADO AMERICANO

Como aumentar seu poder de comunicação e desenvolver discursos altamente persuasivos e vendedores

DVS EDITORA

São Paulo, 2019
www.dvseditora.com.br

COPYWRITING
O MÉTODO CENTENÁRIO DE ESCRITA MAIS COBIÇADO DO MERCADO AMERICANO

Copyright© DVS Editora Ltda 2019
Todos os direitos para a língua portuguesa reservados pela editora.

Nenhuma parte dessa publicação poderá ser reproduzida, guardada pelo sistema "retrieval" ou transmitida de qualquer modo ou por qualquer outro meio, seja este eletrônico, mecânico, de fotocópia, de gravação, ou outros, sem prévia autorização, por escrito, da editora.

Arte de Capa: Rubens Lima
Foto de Capa: Paulo Cesar Ellias
Revisão Gramatical: Danilo Rodrigues Bezerra
Diagramação: Schaffer Editorial
Colaboração em pesquisa: Bruno Breda
Colaboração em pós-revisão: Rafael Censon

```
       Dados Internacionais de Catalogação na Publicação (CIP)
                  (Câmara Brasileira do Livro, SP, Brasil)

     Maccedo, Paulo
        Copywriting : o método centenário de escrita mais
     cobiçado do mercado americano / Paulo Maccedo. --
     São Paulo : DVS Editora, 2019.

        Bibliografia.
        ISBN 978-85-8289-205-3

        1. Comunicação comercial 2. Comunicação escrita e
     impressa 3. Marketing 4. Marketing na Internet
     5. Propaganda 6. Vendas I. Título.

  18-23154                                          CDD-659.13

              Índices para catálogo sistemático:

     1. Marketing : Comunicação : Propaganda    659.13

         Cibele Maria Dias - Bibliotecária - CRB-8/9427
```

Nota: Muito cuidado e técnica foram empregados na edição deste livro. No entanto, não estamos livres de pequenos erros de digitação, problemas na impressão ou de uma dúvida conceitual. Para qualquer uma dessas hipóteses solicitamos a comunicação ao nosso serviço de atendimento através do e-mail: atendimento@dvseditora.com.br. Só assim poderemos ajudar a esclarecer suas dúvidas.

PAULO MACCEDO

COPYWRITING
O MÉTODO CENTENÁRIO DE ESCRITA
MAIS COBIÇADO DO MERCADO AMERICANO

Como aumentar seu poder de comunicação e desenvolver
discursos altamente persuasivos e vendedores

À memória de John Emory Powers, Claude Hopkins, David Ogilvy, William Bernbach e Gary Halbert.

"Vamos provar ao mundo que bom gosto, boa arte e boa escrita podem ser boas vendas."
— *William "Bill" Bernbach*

SUMÁRIO

PREFÁCIO DE CONVIDADO: Sobre o MAIS que você busca 9
PREFÁCIO DE AUTOR: Sobre baleias e desejo ardente 11
ADVENTO 15

Parte 1: FUNDAMENTOS 19
1. A origem 21
2. Sobre se livrar de tecidos podres 27
3. Porquê 31
4. Conceito 35
5. A mentalidade copywrite 39

Parte 2: ANTECEDENTES 49
6. As sagradas premissas 51
7. Abordagens essenciais 73
8. A persona 83
9. O modelo AIDA 95

Parte 3: ELEMENTOS 105
10. A headline 107
11. O texto 115
12. Sobre escrever bem 119
13. A carta de vendas 125
14. A chamada para ação 149
15. Aprendendo com o gênio, sem interrogação 155

Parte 4: RAÍZES 159
16. Persuasão 161
17. Os gatilhos mentais. 167
18. Técnicas simples e eficazes de copywriting. 187
19. Storytelling 201
20. A jornada do herói .209

Parte 5: CONTEXTOS 213
21. VSL. 215
22. E-mail 225
23. Anúncios 235
24. Redes sociais 243
25. Advertorial 255

Reeves, feche a cortina! 263
Agradecimentos 267
Sobre o autor 269
Bibliografia comentada 271

Prefácio de convidado
SOBRE O MAIS QUE VOCÊ BUSCA

"*Faz o prefácio do meu livro?*" é um pedido diferente, daquele tipo que não se espera. Nos acostumamos a ser padrinhos ou madrinhas de casamentos, ir a festas, fazer reuniões ou palestras, mas não a fazer prefácios.

Caramba...

É quase como ser padrinho de uma criança que irá nascer e criar uma história única, não é? Sim... um livro é único, as informações, os conceitos, a própria estrutura e narrativa do autor tornam ele único. Isso sem falar no conteúdo.

Aceitar o convite é uma honra e um misto de responsabilidade com você! Então, caro leitor, cara leitora... permita-me começar com algumas verdades sobre esse mundo que você vai encontrar nas próximas páginas, revelando o que motiva com que pessoas comprarem mais de você. E é por esse ponto que começamos...

MAIS!

Basicamente toda a nossa sociedade, todos nós, buscamos a mesma coisa...mais tempo, mais dinheiro, mais atenção, mais resultados, mais liberdade.

Quando buscamos por mais tempo, sabemos que hoje é possível criar negócios sólidos e automatizados ou semi-automatizados que nos permitam ter horas livres.

Também entendemos que o dinheiro é abundante, e por isso podemos, com apenas um único copy, faturar mais em um mês do que outras pessoas faturam em um ano ou em cinco.

Sobre atenção, resultados e liberdade, é inerente ao ser-humano buscar o reconhecimento e a sensação de dever cumprido e a livre escolha.

E felizmente, você está prestes a saber o que outros, aqueles que disputam a atenção do seu cliente, ainda não sabem.

Não é a quantidade de anúncios ou e-mails que você faz, e sim a qualidade!

É o impacto de sua comunicação, o poder da sua oferta e a força que vai empregar em cada pequena frase que vão fazer a diferença para o seu "MAIS".

E há outra verdade prazerosa.

Não importa quem seja, nem o que viveu, nem mesmo onde você está agora, basta um, UM ÚNICO COPY para que a sua vida seja alavancada.

Aconteceu comigo, aconteceu com outros e pode acontecer com você!

Acredite... já formei milionários com copywriting. Já ensinei como copywriters poderiam se tornar milionários. E tudo vem de duas verdades: Estudar e Praticar.

O seu estudo já vai começar neste material único o qual apadrinho por convite do meu amigo Paulo Maccedo. E nesse dever/direito de te apresentar este livro, quero dar alguns conselhos (sem você este livro está incompleto...falta a prática).

Portanto, siga esses conselhos.

Risque este livro.

Sublinhe.

Anote.

Estude.

Use-o.

Quando a sua tinta se somar à tinta deste livro – e você também escrever, você deixa de apenas ser um leitor ou leitora e inicia o seu treinamento de copywriter.

Bons estudos, boa prática e espero ter a honra de ler seus escritos por aí!

Um grande abraço.

André Cia
Único copywriter do Brasil com
3 troféus "7 dígitos em 1".

Prefácio de autor

SOBRE BALEIAS E DESEJO ARDENTE

"Muito semelhante a uma baleia."
— *William Shakespeare em "Hamlet".*

Moby Dick é um romance do autor norte-americano Herman Melville. O nome da obra é o mesmo do cachalote de cor branca, que foi perseguido e enfurecido e, mesmo tendo sido ferido várias vezes por baleeiros, conseguiu se defender e destruí-los. A obra foi originalmente publicada em três fascículos em Londres com o título de "Moby-Dick" ou "A Baleia" em 1851, e ainda no mesmo ano em Nova York em edição integral.

Moby Dick começa com a frase: "Chamai-me Ismael". Então segue-se a narrativa em primeira pessoa do marinheiro Ismael (seu nome completo nunca é mencionado). Ismael era um professor rural de uma família tradicional que decide "velejar um pouco e ver a parte aquática do mundo" para fugir de sua melancolia. Ismael, que já trabalhou como marinheiro em navios mercantes, agora quer viajar num baleeiro e conhecer as baleias. "Um monstro tão prodigioso e cheio de mistério despertava toda a minha curiosidade", dizia ele.

Às vezes penso como Ismael. Há alguns anos eu era apenas um redator freelancer que atendia empresas com blogs e páginas na internet e ganhava alguns poucos reais por redação. Então eu decidi "velejar um pouco e ver a parte aquática do mundo digital". E tornei-me pesquisador, empresário e professor. Exatamente nessa ordem.

Depois de ter trabalhado como "marinheiro", vi que era hora de "embarcar num baleeiro e conhecer as grandes baleias". E então eu naveguei para mais longe e, após ter vários e vários resultados positivos com a criação de textos comerciais, aqui estou eu.

Acabo de capturar "a maior baleia que já cacei" na minha vida como escritor. A "capturei" com um forte desejo de colocar em capítulos o que aprendi de melhor com a escrita persuasiva. Quando atinge grandes proporções, um desejo sincero se torna mais forte que um cachalote cuja fúria é capaz de afundar navios.

A promessa deste livro é clara: "Ajudar você a aumentar seu poder de comunicação e desenvolver discursos altamente persuasivos e vendedores usando o método de escrita mais cobiçado do mercado americano". O dicionário define cobiça como "o querer ardente de possuir ou conseguir alguma coisa". Torna-se cada vez mais visível para mim o querer de homens de negócios por este método centenário chamado copywriting. Eles sabem que poderão gerar mais receita e lucro com ele.

E este, caro leitor, é um dos materiais sobre copywriting mais completos do mercado brasileiro. Tive essa percepção quando o manuscrito ultrapassou as 50 mil palavras; quando mostrei a primeira versão a meus alunos e alguns ficaram boquiabertos; quando o revisor ortográfico me mandou mensagens falando que tínhamos uma belíssima obra em mãos; e quando meu editor ficou animado ao saber que tínhamos um livro, segundo ele, sobre um assunto de extremo valor. E então todos entramos numa sintonia em torno deste conteúdo que agora lhes apresento.

O que você verá nas próximas linhas é um apanhado de quatro anos de dedicação religiosa aos estudos do copywriting. O que aqui se encontra surgiu após eu consumir os principais livros em inglês e português sobre o tema, ler e reescrever toneladas de cartas de vendas, assistir vídeos e documentários, viajar em biografias e, o mais importante, praticar muito, muito mesmo, escrevendo e-mails, artigos, páginas, posts e outros tipos de texto com objetivos comerciais.

Consegui passear por fatos históricos e citar escolas de copywriting mesclando isso com as partes técnicas. Incluí muitas narrativas, casos e citações. Pensei ser essa uma boa fórmula para evitar que o livro ficasse chato e enfadonho. Particularmente gosto de aprender com narrativas e exemplos, detesto livros demasiadamente técnicos. Acredito que a maioria das pessoas pense assim. Você pensa assim?

Certo, aqui está seu ingresso para navegar nesse oceano de oportunidades. Essa é sua chance de aprender a dominar novos mares, ou seja, aprender a ganhar dinheiro escrevendo, seja você empreendedor ou profissional de marketing, redator ou empresário. Se vendas e lucro lhe interessam, de verdade, seja bem-vindo ao fantástico mundo do copywriting.

ADVENTO

"Palavra puxa palavra, uma ideia traz outra,
e assim se faz um livro, um governo, ou uma
revolução, alguns dizem que assim é que a
natureza compôs as suas espécies."

— Machado de Assis

Se eu pudesse voltar no tempo – mais precisamente quando eu tinha 20 anos e comecei a pensar em fazer negócios – e dar um único conselho a mim mesmo, seria esse: "Aprenda copywriting!". Isso mudaria a minha vida, com toda certeza.

Para você que ainda está se familiarizando com o termo, copywriting tem a ver com "fazer uso das palavras corretas para se comunicar com um público e guiá-lo a uma tomada de decisão". Também gosto de dizer que copywriting é "A arte de escrever para vender", enquanto um amigo, o Gustavo Ferreira, diz: "São palavras que vendem milhões".

No Século XX, campanhas de publicidade que fizeram milhões de dólares e levaram marcas à fama foram feitas com base nesse método. David Ogilvy, o pai da propaganda moderna, criou a famosa campanha do carro Rolls-Royce com um título arrebatador e um texto de 607 palavras usando o copywriting.

Quando ganhou a conta em 1957, Ogilvy produziu 26 títulos diferentes para o anúncio. E levou meia dúzia de redatores da agência para "passar por cima deles" e escolher o melhor, que acabou sendo:

> "A 60 milhas por hora o barulho mais alto do novo Rolls-Royce vem do relógio elétrico."

Ogilvy contou que passou três semanas estudando seu novo cliente antes de iniciar o texto. E disse que sua manchete era uma citação do artigo do editor técnico da "The Motor", uma revista britânica de automóveis. O texto seguiu com 13 tópicos geniais de tão simples, apenas usando a fórmula "característica + benefício". No fim, Ogilvy incluiu a chamada para ação:

> "Se você quiser ter a experiência recompensadora de dirigir um Rolls-Royce ou um Bentley, escreva ou telefone para um dos revendedores listados na página ao lado".

O anúncio elevou o status da marca e fez com que o carro fosse visto como um produto altamente desejável. Como resultado, as vendas do Rolls-Royce em 1958 aumentaram 50% em relação a 1957. O texto funcionou consistentemente no "The New Yorker" e em vários jornais grandes até 1962, quando a Ogilvy parou de trabalhar com a Rolls-Royce.

Isso é copywriting. Da forma mais pura. Sem nenhum "gatilho mental forçado".

Outra história... Quando a Volkswagen lançou o Fusca nos EUA, em 1949, os americanos detestaram o carro. O achavam feio e pouco prático. O carro ganhou o apelido pejorativo de *beetle*, besouro, em inglês. Além disso, era conhecido como "o carro de Hitler", o veículo que o ditador nazista sonhara para o povo alemão.

Como era de se esperar, as vendas foram um verdadeiro fracasso. Em 1950, dos 6,6 milhões de veículos novos do país, apenas 330 eram da marca Volkswagen. A marca tinha um grande desafio pela frente quando contratou uma agência de publicidade. A mente por trás dessa agência era a de ninguém menos que William "Bill" Bernbach. E foi ele o responsável por criar a campanha que fez o público mudar de ideia.

Bernbach acabou criando uma das propagandas mais famosas da história. E o texto que ele escreveu não só salvou as vendas da Volkswagen, como mudou o jeito de anunciar produtos. O publicitário teve a brilhante ideia de criar uma campanha honesta com bastante humor. Mostrou que o carro não era perfeito, mas era exatamente o que os americanos precisavam.

Bill conseguiu provar com um texto simples que o Fusca era econômico e perfeito para ser o segundo carro da família. O copy virou argumento para quem ia às concessionárias comprar o veículo. "Pense Pequeno" contrariava o ego dos yankees. Quem, em plena época de guerra, com a nação americana tornando-se um símbolo da força e resistência, pensaria num slogan desses?

A campanha foi considerada tão bem-sucedida que fez muito mais do que impulsionar as vendas: ajudou a construir uma vida inteira de fidelidade à marca. E um fenômeno curioso se registrou: os consumidores chegavam às lojas de automóveis repetindo aos vendedores quase literalmente os textos da campanha que tinham lido ou ouvido.

Bill Bernbach nos ensina que escrever copywriting é muito mais que tentar vender um produto. É transmitir uma grande ideia, apresentar uma visão diferente. Costumamos chamar isso de "quebra de padrão". Geralmente adotamos padrões de comportamentos ou estratégias que nos deixam robotizados. Quando esses padrões são quebrados, somos impactados com algo novo. Dependendo do contexto, isso pode ser suficiente para tornar uma oferta irresistível.

O "Advertising Age" elegeu "Think Small" a campanha mais influente da história da publicidade mundial. E seu criador, William "Bill" Bernbach, a personalidade mais influente do século neste mercado. Bill só conseguiu isso graças ao poder do copywriting.

Ainda hoje, em plena Era Pós-digital, num cenário em que a presença da tecnologia digital é tão ampla e onipresente, o que faz negócios digitais faturarem alto é o copywriting. Por isso os maiores empreendedores e empresários do ramo fazem uso dele para ofertar os seus produtos, serviços ou ideias.

Analise os famosos lançamentos de 7 dígitos de faturamento, as estratégias de vendas perpétuas mais lucrativas, os produtores e afiliados

---

Nota: Algumas fontes indicam que "Think Small" é de autoria do redator Julian Koenig, com a direção de Helmut Krone, e não de Bill Bernbach. De qualquer forma, é um belo case a ser estudado.

profissionais que mais faturam, as páginas de vendas que mais convertem... todos, sem exceção, contam com o poder do que será tratado nas páginas deste livro.

Especialistas americanos em *internet marketing*, como Ryan Deiss, Frank Kern, Brendon Burchard, Russell Brunson e Gary Vaynerchuk, por exemplo, construíram negócios multimilionários usando o poder do copywriting. No Brasil, também há incontáveis bons exemplos.

Talvez seja isso que falta para você crescer hoje. Enquanto você continua procurando um novo curso de marketing, a última *sacada matadora de algum guru*, uma ferramenta mirabolante de vendas, a tática que fez um amigo da sua prima "virar a chave" e vender muito, empreendedores espertos estão fazendo uso do bom e velho copywriting com roupagens novas.

Muitos deles não vão falar isso para você, claro, porque não querem ter concorrentes. Logicamente, desejam ficar com todo o ouro. Quem sabe você faria o mesmo no lugar deles. Mas eu, francamente, ganho mais apresentando o copywriting ao maior número de pessoas. Pode acreditar, esse é o meu trabalho como escritor.

Digo que para vender bem, você precisar gerar uma forte conexão com o seu potencial cliente. E nesse contexto, o entendimento da sua mensagem deve ser imediato e o interesse pela solução prontamente despertado. Só uma comunicação facilitada e persuasiva com o copywriting pode proporcionar isso.

Estou falando de um modelo de escrita que já acumula mais de um século de aperfeiçoamento e resultados indiscutíveis em vendas. Ao longo de todo esse tempo, muitos estudos foram realizados e a técnica foi melhorando cada vez mais. Todo esse avanço está ao seu alcance hoje.

Acredite, caro leitor, não existe outro jeito de obter resultados grandiosos nos negócios a não ser com o uso do copywriting. Se você deseja continuar no mercado e não ser engolido pela concorrência, você precisa disso hoje! Ao virar a página, você aprenderá a usar as palavras para vender – e sua vida nunca mais será a mesma.

Este é o mesmo texto, com adaptações, que usei no prefácio do livro "Copywriting: Palavras Que Vendem Milhões", do já citado Gustavo Ferreira. Achei válido incluí-lo aqui, pela precisão da mensagem e por ter muito a ver com o que iremos tratar nas próximas linhas. Vamos em frente!

PARTE 1

FUNDAMENTOS

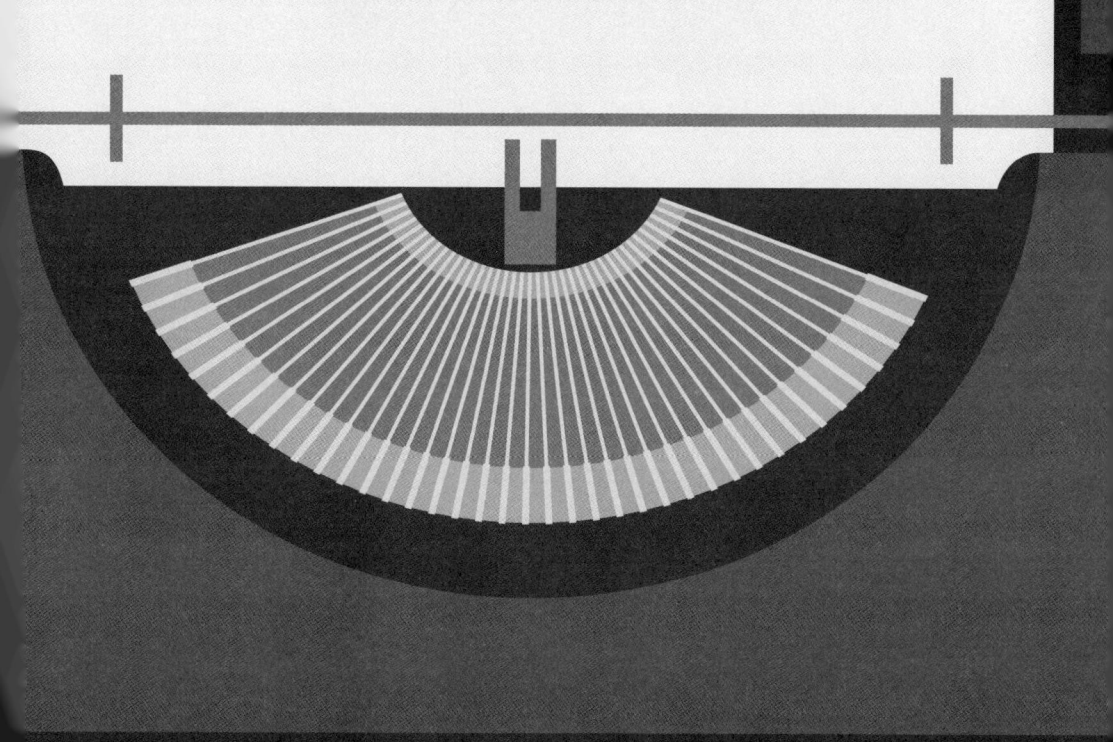

A ORIGEM

"Muitas coisas pequenas foram transformadas em grandes pelo tipo certo de publicidade."
— *Mark Twain*

Habacuque foi um profeta da Bíblia que viveu durante o período de reinado do 18º rei de Judá, Joaquim (608-598 a.C.). No Antigo Testamento, precisamente no livro do próprio Habacuque 2.2, encontramos o seguinte texto: "Escreva em tábuas a visão que você vai ter, escreva com clareza o que vou lhe mostrar, para que possa ser lido com facilidade". Acho esse versículo demais interessante, pois indica que Deus entregou um "briefing" bem complicado a seu servo. O profeta teve que estudar minuciosamente o público-alvo, os babilônios, povo vil e cruel, para transmitir a mensagem do castigo de Deus para esse povo de forma que quem passasse correndo pudesse enxergar. Considero esse um dos mais antigos e excêntricos exemplos de publicidade, onde o profeta passa a mensagem e alcança o objetivo num tipo de *outdoor* divino.

Os primeiros vestígios da publicidade também são encontrados na Antiguidade Clássica, em Pompéia, na Itália. Tabuletas da época anunciavam combates de gladiadores e faziam referências a diversas casas de banho localizadas em cidades.

Nesta época, a publicidade também era feita por homens conhecidos como pregoeiros, que anunciavam oralmente a venda de gados, escravos e artefatos diversos. Esse tipo de publicidade se prolongou até a Idade Média, onde a atividade ficou a serviço de comerciantes e mercadores, que tornavam os produtos conhecidos através de gritos e gestos.

A evolução da publicidade está ligada ao jornalismo. Isto porque, com a invenção da imprensa mecânica por Gutenberg, no século XV, o papel começou a ser utilizado como meio de comunicação. É nesse período, em 1482, que surge o primeiro cartaz, de cunho religioso, conhecido como "O Grande Perdão de Nossa Senhora".

No processo de evolução, apareceu no periódico inglês "Mercurius Britannicus", em 1625, o primeiro anúncio publicitário de um livro. Já em 1631, na França, Renaudot criou uma pequena seção de anúncios na própria gazeta.

Todos estes acontecimentos criam uma nova fonte que gerava capital para o jornal, que até então tinha receita apenas das vendas de assinaturas. Importante ressaltar que neste período a atividade publicitária não pretendia ser sugestiva, mas limitava-se a ser meramente informativa.

O aperfeiçoamento das técnicas publicitárias se deu, principalmente, pela necessidade de aumentar o consumo dos bens produzidos. Isso fez com que a publicidade se tornasse mais persuasiva, perdendo quase que completamente o sentido inicial de ser apenas informativa.

Além disso, o aumento da concorrência entre as marcas fez surgir um tipo de publicidade mais agressiva, chamada publicidade "combativa", que tentava impor um produto em vez de sugeri-lo.

O século XIX foi um marco de profundas mudanças sociais e econômicas que sucederam a Revolução Industrial, onde as máquinas foram inventadas com o propósito de poupar o tempo do trabalho humano. Graças às máquinas, a produção de mercadorias ficou maior e os lucros também cresceram.

A publicidade surge como um fenômeno econômico e social, sendo basicamente uma comunicação informativa entre vendedor e comprador. A relação entre esses fundada no conhecimento pessoal e na confiança que refletia o conceito de seriedade e honestidade de que desfrutava o vendedor.

Nessa época, a publicidade era considerada mero convite à oferta (*invitatio ad offerendum*), e para a concretização do negócio, o consumidor, atraído pela publicidade, deveria comparecer ao estabelecimento e apresentar uma oferta, que seria ou não aceita pelo fornecedor.

Devido à produção em série decorrente da revolução industrial, o consumo tornou-se massificado. A produção que era destinada a um indivíduo em especial estendeu-se a toda a coletividade. Por conseguinte a publicidade tornou-se destinada à massa de consumidores e as ofertas veiculadas simultaneamente para milhões de pessoas.

Alguns sociólogos dividem o caminho da publicidade em três eras, ou três épocas:

Era primária. Onde a atividade limitava-se a informar o público sobre os produtos existentes, mas também os identificava através de uma marca, porém não havia argumentação ou incitação à compra.

Era secundária. Onde havia técnicas de sondagem, que desvendavam os gostos dos consumidores e orientavam a publicidade, que se tornou sugestiva.

Era terciária. Trata-se da era atual, quando a publicidade age sobre as motivações inconscientes do público, o que os leva a determinadas ações, pois se baseia na psicologia social, nos estudos de mercado, na sociologia e na psicanálise.

Com a economia expandindo-se durante o século XIX, as propagandas cresceram. Nos Estados Unidos, os classificados tornaram-se populares preenchendo muitas páginas de jornais com pequenos anúncios de itens variados.

O sucesso desse formato de propaganda levou ao aparecimento e crescimento da mala direta. No ano de 1841, a primeira agência de publicidade e propaganda foi criada por Volney Palmer, em Boston.

Copywriting, termo em inglês que remete à redação comercial, se desenvolve justamente no fim do século XIX. Profissionais criativos, como redatores, começaram a entender seu papel fundamental nas propagandas e a atuar diretamente nas estratégias de comunicação de vendas.

John Emory Powers (1837-1919) é considerado o primeiro redator em tempo integral do mundo. Powers ficou conhecido por usar linguagem simples e persuasiva, e por criar anúncios que ajudaram marcas a impulsionar seus resultados em vendas. Falarei sobre ele em seguida.

Claude Hopkins (1866-1932) é outro nome importante da época. Este segundo é considerado hoje um dos pioneiros da redação publicitária.

Ele acreditava que a publicidade existia apenas para vender algo e deveria ser medida e justificada pelos resultados que produzia. Hopkins é autor de um dos livros clássicos do marketing: "A Ciência da Propaganda" (publicado pela primeira vez em 1923). Reservei um capítulo para falar dele e de sua obra.

Outros redatores famosos que contribuíram para o desenvolvimento do copywriting em paralelo à publicidade são os já citados William "Bill" Bernbach e David Ogilvy, bem como Leo Burnett, Robert Collier e Lester Wunderman.

Como podemos ver, até chegar à Era Pós-digital, o copywriting se desenvolveu na publicidade tradicional (e no marketing direto). Com o advento da internet e com a difusão do marketing digital, o copywriting toma outro rumo, ajudando marcas a conquistarem clientes por meio de sites, blogs, páginas, e-mails, redes sociais e outros canais.

O termo

O termo "copy" surge de uma definição arcaica. Noah Webster, lexicógrafo e escritor americano, em 1828 definiu copy dessa forma:

"An original work; the autograph; the archetype. Hence, that which is to be imitated in writing or printing. Let the child write according to the copy. The copy is in the hands of the printer. Hence, a pattern or example for imitation. His virtues are an excellent copy for imitation".

Tradução:

"Um trabalho original; o autógrafo; o arquétipo. Portanto, aquilo que deve ser imitado na escrita ou na impressão. Deixe a criança escrever de acordo com o "copy". O "copy" está nas mãos da impressora. Daí, um padrão ou exemplo de imitação. Suas virtudes são uma excelente "copy" para imitação."

Na tradução acima mantive intencionalmente o termo "copy", e não a transposição literal, "cópia", para melhor compreensão. Entendi que os antepassados de língua inglesa utilizavam o termo "copy" remetendo a "original", e não a "cópia". Em interpretação moderna, "copywriter" se torna "escritor de originais", e "copywriting", "original".

Essa definição caiu em desuso em meados do século XIX, exceto entre impressores e jornalistas. Por volta de 1870, o homem que escreve anúncios começou a ser chamado de copywriter, para distinguir seu trabalho do ofício de redator de notícias.

Nos países anglófonos, o redator publicitário também é copywriter. Na realidade, existem duas profissões com esse nome: *advertising agency copywriter* e *direct-response copywriter*. O primeiro é equivalente ao redator publicitário brasileiro. Ele normalmente trabalha em agências de publicidade e é quem recebe os louros pelas peças de sucesso. O segundo é aquele que aqui chamamos simplesmente de copywriter e, quando a ele nos referimos, estamos falando do profissional ligado ao marketing direto.

Antes da internet, a maneira mais comum de fazer copywriting era por meio da mala direta, forma de comunicação postal na qual as pessoas eram levadas a tomar uma ação. Esta ação normalmente era a compra do produto que se promovia, e o cupom para enviar o pedido já vinha anexado no fim de um *folde*r ou catálogo. Por isso, os copywriters de algumas décadas atrás eram mais conhecidos como "marqueteiros de mala direta".

Segundo Marcos Cobra e Flávio Zwarg (1986), marketing direto é um sistema interativo de marketing que usa uma ou mais mídias de propaganda para obter uma resposta mensurável e/ou uma transação em qualquer localização. Tradicionalmente, utiliza-se a expressão "marketing direto" para atividades mais ligadas às ações de vendas ou captação.

Com a explosão do movimento online e, especialmente nos últimos anos com a difusão do marketing digital, o copywriting vestiu nova roupagem e se popularizou no meio virtual. Observo que nada do que se faz na internet hoje com objetivo de negócios funciona sem copywriting. Por isso há tanta gente interessada em saber mais sobre o assunto. E por isso também cada vez mais gurus constroem autoridade se apoiando nesse método.

O americano Paul Hollingshead, cofundador da AWAI – American Writers & Artists Inc., uma das maiores associações de copywriters e redatores do mundo, aborda a diferenciação básica entre o copywriting e a redação publicitária: "O primeiro traz" – diz ele – "uma *strong call to action*, ou seja, uma forte chamada para ação, enquanto a última se trata de um *soft sell ad,* isto é, um 'anúncio de venda suave'".

Ou seja, publicidade e copywriting são duas escolas distintas, conquanto há homens de publicidade que contribuíram muito para o desenvolvimento do marketing direto e para o copywriting (alguns eu citarei até o fim destas páginas).

SOBRE SE LIVRAR DE TECIDOS PODRES

> "A primeira coisa que se deve fazer para vencer na publicidade é ter a atenção do leitor. A próxima coisa é manter a verdade, e isso significa retificar o que está errado nos negócios do cliente. Se a verdade não é digna de nota, conserte-a."
> — *John Emory Powers*

A história do copywriting se esbarra com a biografia de homens como John Emory Powers. Ele nasceu em uma fazenda no centro de Nova York em 1837. Sabe-se que começou trabalhando como agente de seguros e depois viajou para a Inglaterra para vender as máquinas de costura "Willcox e Gibbs". Uma de suas campanhas criadas na época gerou uma demanda por máquinas de costura que a empresa não pôde atender.

Depois que seu filho John nasceu, Powers voltou a Nova York para trabalhar como agente de subscrição da "The Nation". Nos anos posteriores, Powers se tornaria pioneiro no uso de muitas técnicas de publicidade, incluindo anúncios de página inteira na forma de uma história ou peça, o uso experimental gratuito de um produto e plano de compra de prestação.

Powers trabalhou para as lojas de departamentos "Lord & Taylor" e "Wanamaker" antes de se tornar um redator freelancer, em 1886. Nessa época, começou a escrever anúncios para a "Lord & Taylor" como um emprego de meio período. Seus anúncios chamaram tanto a atenção do público que John Wanamaker decidiu contratá-lo integralmente, em maio de 1880, levando-o para a Filadélfia para trabalhar em sua loja.

Escreveu seis anúncios por semana durante cerca de nove meses. Depois de muita experimentação com estilos diferentes, estabeleceu um estilo que apresentava frases curtas e simples em vez de estilos de exibição hiperbólica. Durante o tempo que ficou com a Wanamaker, os textos de Powers fizeram as receitas da empresa dobrarem de US$ 4 milhões para US$ 8 milhões.

A história revela que Powers não se dava bem com outras pessoas e alguns os descreveram como "o homem mais insolente" que já se havia visto. Essa característica de personalidade de Powers combinada com a insistência em ser franco nos anúncios causava tensão em seus empregadores. A Wanamaker despediu Powers em 1883, mas acabou o contratando novamente em 1884. Dois anos depois, foi demitido de vez.

Em 1886, Powers tornou-se redator freelancer e trabalhou para outras empresas e produtos, incluindo as "Chimneys Lamp de MacBeth", as "Pílulas de Beecham", o "Vacuum Oil", a "Scott Emulsion" e o "Verniz Murphy". No final da década de 1890, Powers ganhava mais de US$ 100 por dia como copywriter, o que equivale a cerca de US$ 700.000 por ano (aproximadamente, em moeda atual).

John Emory Powers exerceu uma forte influência na indústria da publicidade e na próxima geração de redatores. Adotou um estilo único de publicidade que veio a ser conhecido como o "Estilo Powers" de redação. Costumava usar linguagem simples, evitava exageros, limitava as manchetes a poucas palavras e não usava desenhos ou ilustrações em seus anúncios.

O estilo de copywriting de Powers também é conhecido como o estilo "Razão-Porquê". Numa época em que a maioria das propagandas apresentava hipérboles, Powers ficou famoso por dar foco aos fatos, por falar somente a verdade.

Certa vez, ele se recusou a escrever um copy para um produto a menos que estivesse convencido de seus méritos. Numa ocasião afirmou que a coisa mais importante em publicidade é chamar a atenção do leitor por ser interessante, e a outra coisa mais importante é manter a verdade: "Isso significa retificar o que está errado no negócio do comerciante. Se a verdade não é verificável, conserte-a".

Enquanto trabalhava para a Wanamaker, foi-lhe dito que um departamento precisava se livrar de "tecidos podres". Ele escreveu um anúncio que continha a seguinte frase:

> "Temos muitos tecidos podres e coisas dos quais queremos nos livrar."

No dia em que o anúncio foi publicado, os clientes compraram todo o excedente de tecido até o meio-dia.

Outro de seus anúncios para Wanamaker dizia:

> "O preço é monstruoso, mas isso não é da nossa conta."

Ainda outro que promovia gravatas:

> "Elas não são tão boas quanto parecem, mas são boas o suficiente – e custam apenas 25 centavos."

Quando Powers foi contratado por uma empresa de roupas de Pittsburgh à beira da falência, recomendou ao dono que fosse honesto com os clientes em potencial. O anúncio apresentava as seguintes palavras:

> "Estamos falidos. Este anúncio fará com que nossos credores acabem com a gente. Mas se você vier comprar amanhã, teremos dinheiro para atendê-los. Se não, iremos à falência."

O anúncio resultou em um aumento imediato nas vendas e a empresa em dificuldades foi salva da falência.

Como podemos perceber, Powers foi um homem de grande criatividade, profissionalismo e determinação, lembrado por ser o primeiro redator publicitário profissional a trabalhar em tempo integral. Mas devemos recordar, sobretudo, de como seu estilo, genialidade e ideias serviram de exemplos para o mundo dos negócios nas décadas seguintes. A influência de Powers na indústria do marketing e da publicidade foi tão grande que a Printer's Ink – a primeira revista norte-americana especializada em publicidade – escreveu: "Powers foi o primeiro verdadeiro redator publicitário, não apenas no calendário, mas levando em consideração suas conquistas e sua remuneração. Poucos – talvez nenhum – de seus contemporâneos chegou perto dele em habilidade. Naquele tempo, havia dois tipos de publicidade: o estilo de Powers e o resto".

John Emory Powers faleceu em 20 de abril de 1919, em Hartsdale, em Nova York. Durante sua vida, ajudou a ressaltar a importância dos redatores, elevando seu papel em agências por todos os Estados Unidos. Antes do trabalho de Powers, poucas agências tinham seus próprios redatores. No entanto, o talento exibido por ele e a eficácia de seus anúncios fizeram com que muitas empresas pioneiras de publicidade mudassem isso.

John Emory Powers foi introduzido no "Advertising Hall of Fame", em 1954.

3

PORQUÊ

> "Os redatores de anúncios abandonam seus papéis. Esquecem-se de que são vendedores e tentam ser artistas. Em vez de vendas, buscam aplausos."
> — *Claude Hopkins*

Claude C. Hopkins, outro grande pioneiro do copywriting, acreditava que a publicidade existia apenas para vender algo e deveria ser medida e justificada pelos resultados que produzia. Hopkins trabalhou para vários anunciantes, incluindo a "Bissell Carpet Sweeper Company", a "Swift & Company" e a empresa de medicina de patente do "Dr. Shoop".

Aos 41 anos, foi contratado por Albert Lasker, dono da "Lord & Thomas", em 1907, com um salário que rendia US$ 185 mil por ano. Hopkins pregava que os redatores deveriam pesquisar os produtos de seus clientes para produzir copy com base no "porquê". Ele acreditava que um bom produto e a atmosfera em torno dele era muitas vezes o seu melhor vendedor, e nesse contexto, valorizava a amostragem.

Para acompanhar os resultados de sua publicidade, Hopkins usava cupons codificados por chave e testava manchetes, ofertas e proposições uns contra os outros. Ele usou a análise dessas medidas para melhorar os resultados de seus anúncios, impulsionando as respostas e a relação custo-benefício dos gastos com publicidade de seus clientes.

Hopkins é considerado um dos pais do marketing direto moderno. Enquanto trabalhava para a "Bissell Carpet Sweeper Company", enviou cinco mil cartas oferecendo varredores de tapete como presentes de Natal. Desse número, mil pessoas enviaram pedidos. Ele também convenceu os fabricantes a oferecer mais variedade de varredores de carpete e a fabricá-los com doze tipos diferentes de madeira. Após essas mudanças, a Bissell vendeu US$ 250 mil em três semanas.

Seu livro "Scientific Advertising" ("A Ciência da Propaganda) foi publicado em 1923, após sua aposentadoria na "Lord & Thomas", onde terminou sua carreira como presidente do conselho. Este livro foi seguido, em 1927, por seu trabalho autobiográfico "My Life in Advertising". "A Ciência da Propaganda" tem "ciência" no título, mas passa muito longe de ser acadêmico. Na verdade, traz a experiência de um publicitário de sucesso. Alguns dizem que foi uma tentativa bem-sucedida de reunir reflexões sistemáticas sobre a prática.

Como escreve David Ogilvy no prefácio de 1965, Hopkins usou a palavra "ciência" inadequadamente. O estilo do livro é "abrupto", mas, desde a primeira vez em que leu o livro em 1938, Ogilvy presenteou a clientes e colegas com 379 exemplares. Certa vez, Ogilvy falou sobre o livro: "Ninguém deve ter permissão para trabalhar com publicidade até ter lido este livro sete vezes. Isso mudou o curso da minha vida".

Hopkins foi um dos pioneiros a estudar cientificamente o comportamento do consumidor e a desenvolver estratégias para aumentar as vendas de qualquer produto (trabalho essencial para o copywriting). Ficou conhecido como "O homem do cheque em branco", pois para pagar pelos seus serviços os clientes deixavam um cheque em branco.

Muito antes da chegada da mídia social, Hopkins alertava contra a publicidade com um tom corporativo e enfatizava a importância de as empresas adotarem uma abordagem amigável em suas comunicações.

Rosser Reeves, publicitário americano pioneiro da publicidade televisiva, foi tão profundamente influenciado pelas teorias de Hopkins sobre a venda que ele as aperfeiçoou e refinou para desenvolver a "Proposta Única de Venda (PUV)", que envolvia a criação de um benefício para um produto, mesmo que não existisse.

Algumas lições de Hopkins ainda são válidas para os dias atuais:

1. "Quase todas as perguntas podem ser respondidas pronta, econômica e definitivamente por uma campanha teste. E essa é a forma de respondê-las e não com discussões à volta de uma mesa."
2. "A única finalidade da propaganda é promover vendas. É ou não lucrativa de acordo com as vendas efetivas que promove."
3. "Não tente ser divertido. Gastar dinheiro é coisa séria."
4. "Sempre que possível, introduzimos uma personalidade em nossos anúncios. Ao tornar um homem famoso, tornamos o seu produto famoso."
5. "Não é incomum uma mudança de título de um anúncio aumentar de cinco a 10 vezes os retornos."
6. "Alguns dizem: seja breve. As pessoas só leem coisas curtas. Você diria isso a um vendedor? Anúncios breves nunca são rastreados. Todo anúncio rastreado conta uma história completa. Quanto mais você disser, mais venderá."
7. "Tentamos dar a cada anunciante um estilo apropriado. É-lhe dada uma individualidade que melhor convenha às pessoas a que se dirige. Criar a individualidade certa constitui a suprema proeza. Nunca se canse desse papel."
8. "Chavões e generalidade escorrem pela compreensão humana como a água pelas penas de um pato."
9. "Números reais não são geralmente postos em dúvida. Fatos específicos ao serem afirmados tem todo seu peso efeito."

Essas lições de Hopkins mostram que o tempo passa, as tecnologias avançam, mas a essência do comportamento humano permanece a mesma. Uma grande mente do século passado tem muito a nos ensinar. Hopkins estava muito mais interessado em marketing direto do que em *branding*, e acreditava que a publicidade era mais sobre resultados científicos do que imagem.

Charles Duhigg credita a Hopkins a popularização da escovação dentária como resultado de suas campanhas para a Pepsodent (isso mostra que um comunicador pode influenciar fortemente a sociedade).

A lógica de Hopkins era projetar seu anúncio (especialmente seu anúncio) como um bom vendedor falando com um possível comprador. Hopkins foi verdadeiramente um homem à frente de seu tempo. Além de um excelente redator e estrategista, era tanto psicólogo quanto publicitário.

Embora as formas pelas quais a comunicação de marketing opera podem ter mudado, os princípios de como os produtos são comercializados e vendidos não mudaram desde que Hopkins os expôs.

Claude Hopkins morreu em 1932 e até hoje é reverenciado por redatores, publicitários e marqueteiros em todo o mundo.

CONCEITO

"Escrita é pensamento refinado."
— Stephen King

Como bem destaquei na introdução, copywriting diz respeito a fazer o uso das palavras corretas para se comunicar com um público-alvo, no intuito de conduzi-lo a uma tomada de decisão. Esse método de escrita aplica as regras de persuasão para influenciar e conduzir alguém a ações específicas.

Os principais livros e sites americanos definem copywriting como "o ato de escrever textos para fins publicitários ou outras formas de marketing". O trabalho chamado *copy* é um conteúdo composto para aumentar a influência de uma marca e, finalmente, persuadir uma pessoa ou grupo a tomar uma determinada ação.

A partir do *copywriting*, é possível criar *outdoors*, folhetos, catálogos, letras de *jingles*, anúncios em revistas e jornais, cartas de vendas, malas diretas, roteiros para comerciais de tevê ou rádio, *slogans*, *whitepapers*, postagens em mídias sociais e outras comunicações de marketing.

Os profissionais que se dedicam ao copywriting são geralmente conhecidos como copywriters, ou simplesmente redatores. Um copywriter ajuda a criar anúncios *off-line e on-line*, materiais impressos e páginas persuasivas para a web, cartas de vendas, e-mails comerciais, propagandas físicas, postagens em blogs e posts comerciais em mídias sociais.

Esses tipos de redatores costumam olhar o trabalho com o marketing de forma mais ampla. São especialistas em comunicação que consideram os caminhos de tráfego/visitas de potenciais clientes, a mecânica da jornada do usuário, os elementos para a conversão de uma página *et cetera*. São profissionais altamente focados em criar comunicações poderosas para as vendas.

O copywriter utiliza técnicas específicas, com palavras certas para construir uma argumentação que despertará no leitor a vontade de fazer uma escolha. Essa escolha pode ser a de concordar com uma ideia, entrar em contato com uma empresa, solicitar um orçamento, assinar um *newsletter*, ou diretamente efetivar uma compra.

Você pode estar pensando agora: "Bem, mas para eu vender meu peixe eu não preciso necessariamente de textos. Logo, não preciso de copywriting." É aí que você se engana redondamente. E se você mantiver esse pensamento, acabará perdendo um bom dinheiro com oportunidades que poderia aproveitar, mas que passarão em branco se você não usar bem as palavras.

Todo discurso de venda que se preze deve passar por uma construção linguística bem pensada. Deve-se escolher as palavras certas para se obter uma comunicação precisa que cause impacto na sua audiência, que consiga atingir o seu coração. Por exemplo, lembre-se do horário político gratuito (desculpe por lhe dar o desgosto dessa lembrança, mas prometo que será útil). Quando um candidato aparece ali discursando para defender o seu plano de governo, ele não está falando aquilo que lhe vem à cabeça na hora. Ele está lendo um texto, através de um *teleprompter*, ou tem parte da fala decorada.

Na maioria dos casos, este texto foi produzido com muito estudo por uma equipe de marketing político, buscando a melhor comunicação para convencer os eleitores de que aquele plano de governo é o melhor para o povo. Até mesmo quando um governante vai a uma entrevista coletiva, já vai instruído por sua equipe de marketing a dar respostas padrões que já foram estabelecidas.

A verdade é que o copywriting é um universo amplo, repleto de conceitos importantes que podem elevar (e muito!) as vendas de um negócio. No Brasil, o conceito ainda é relativamente novo (este método de escrita persuasiva chegou tardiamente no Brasil provavelmente por causa das características específicas do nosso mercado). Porém, indícios mostram que o copywriting exista nos EUA há, pelo menos, 150 anos. A disciplina tem referências antigas de grandes estudiosos, como os que citei nessa primeira parte.

Além de John Emory Powers e Claude Hopkins, temos a figura de Elias St. Elmo Lewis, que foi um defensor da publicidade, escrevendo e falando prolificamente sobre o potencial da propaganda para educar o público e gerar vendas.

Ao longo das décadas, as dinâmicas de consumo foram mudando e com isso, o copywriting teve que acompanhar essas mudanças. Hoje, em plena Era Pós-digital, o copywriting assume características bem diferentes do que era no século passado, graças aos avanços das tecnologias de comunicação e da ciência, por exemplo, os estudos da neurociência (através do neuromarketing).

O assunto é extenso e exige muito estudo e dedicação, mas pretendo com este material esclarecer alguns pontos que darão clareza para você começar a aplicar os princípios de um bom copywriting nas suas redações comerciais. A pedra fundamental é conseguir estabelecer uma conexão com o leitor de maneira que lhe desperte a vontade de ler ou ouvir o que você tem a dizer.

Para ser mais preciso, a sua comunicação deve funcionar como uma conversa. A não ser que você seja um acadêmico envolvido com pesquisas, ninguém gosta de ler conteúdos frios, cheio de informações técnicas e maçantes num tom completamente impessoal. Dá dor de cabeça só de pensar…

A sua comunicação deve ser fluida a ponto de oferecer a menor resistência possível na mente do seu leitor. É a maneira mais eficaz de manter a atenção dele. Qualquer complexidade pode fazê-lo abandonar a sua comunicação – seja num texto ou num vídeo – e, consequentemente, ela não cumprirá o objetivo que você definiu.

Certa vez, fui palestrar num evento em que também estava presente Gary Illyes, webmaster do Google. Ele, americano, decidiu usar várias imagens de brasileiros nos slides de sua palestra (o evento aconteceu no Brasil e a plateia era toda formada de nativos). Além disso, usou por diversas vezes o açaí, fruta oriunda do país, como exemplo e analogia para o conteúdo da apresentação. Também estava com uma camisa com estampa tropical, claramente uma tentativa de se conectar com os presentes através do traje. Esse é um exemplo de comunicação certeira, onde se usa elementos familiares para gerar conexão com o interlocutor. Isso deve estar presente num copy.

David Ogilvy costumava dizer: "Se você está tentando persuadir as pessoas a fazerem algo, ou a comprarem algo, parece-me que você deveria usar a linguagem delas, a linguagem na qual elas pensam." Isso forma a primeira lição deste livro.

A MENTALIDADE COPYWRITE

"A persuasão aliada a palavras modela a mente
dos homens como quiser."
— *Górgias*

Dan S. Kennedy é um consultor estratégico, coach de negócios e autor da popular série de livros "No B.S". Kennedy influencia direta e indiretamente mais de um milhão de empresários todos os anos. Qualquer marqueteiro digital bem informado sabe quem é Dan Kennedy e como ele usa o copywriting para impulsionar negócios.

Gary Halbert foi um dos principais redatores dos últimos cinquenta anos e deve ser classificado entre os melhores que já praticaram o ofício. Isso pode parecer exagero, soar hiperbólico, mas garanto que não. Halbert foi inigualável no que diz respeito à clareza, simplicidade e poder de venda. O marketing direto seria outro sem sua influência.

Jay Abraham é um executivo de negócios, conferencista e autor. Conhecido por seu trabalho no desenvolvimento de estratégias para o marketing direto na década de 1970. Em 2000, a Forbes listou-o como um dos cinco principais treinadores executivos dos EUA. É fundador do "Abraham Group", uma empresa de consultoria de marketing dedicada ao crescimento para as empresas.

Frank Kern é um empreendedor americano bem-sucedido, considerado por muitos como um dos principais gurus de *internet marketing* do mundo. Kern já lançou muitos produtos de sucesso. Em 2008, sua empresa gerou US$ 6,5 milhões em receitas. Frank Kern norteia suas estratégias de venda de produtos fazendo o uso da persuasão.

O que há em comum nesses exemplos? Todos são copywriters.

Citei quatro americanos, de diferentes contextos e épocas. Agora falando de Brasil, conheço dezenas, senão centenas de empreendedores e marqueteiros que não abrem mão do copywriting quando se trata de construir uma oferta e vender algo. Vou citar apenas alguns exemplos para você ter maior noção do poder disso que estamos estudando...

Entre 2015 e 2016, trabalhei como funcionário na Mentalidade Empreendedora, empresa de Pedro Quintanilha. De segunda à sexta, das 9h da manhã às 18h, sentava, literalmente, ao lado de Pedro. Vi de perto como ele dá importância ao copywriting. Seu negócio foi de R$ 100 mil de faturamento anual para R$ 1 milhão em alguns lançamentos, isso no período de doze meses. Ficou claro para mim o quanto sua mentalidade voltada ao copywriting o ajudou nesse resultado.

Rafael Rez, que eu tenho a honra de ser amigo pessoal, é um dos mais embasados profissionais de marketing contemporâneo. Seus cursos online recebem centenas de novas matrículas diariamente e seus treinamentos presenciais lotam turmas. Ele também é autor de um *best-seller* sobre marketing de conteúdo. Rez sabe da importância do copywriting, tanto que decidiu dominar a técnica. Além de usar todo conhecimento de marketing para compor produtos, Rez usa o copywriting para conduzir suas ofertas.

André Cia é um brasileiro que tem um posicionamento bem peculiar: "Eu faço milionários!". Cia, que é autor do livro "Headlines e E-mails que vendem", já escreveu textos responsáveis por faturamentos de 7 dígitos, tendo inclusive recebido diversos prêmios em eventos do setor de marketing e negócios digitais.

O empresário Gustavo Ferreira encontrou no copywriting o caminho para tornar suas empresas mais lucrativas. Os resultados e o prazer obtido na escrita de textos persuasivos foram tão grandes que hoje ele vende essa expertise para ajudar outros empresários. Como citei no início, Gustavo define o copywriting como "Palavras que vendem milhões" (isso inspirou o título de um de seus livros).

Jeff Walker, criador da "Fórmula de Lançamento", tem uma frase emblemática: "Se tivesse que ensinar uma habilidade para os meus futuros filhos, essa habilidade seria o copywriting". Esse pensamento aponta a importância da técnica. Quem possui as habilidades do copywriting e as aplica em sua vida e negócios, consegue vender absolutamente tudo o que desejar. E não é exagero.

Lembro-me sempre da história "O Cego e o Publicitário". Sei que a narrativa é muito citada no meio corporativo a ponto de soar clichê, mas mesmo "batida" ela elucida bem o poder das palavras – e como ele pode garantir resultados incríveis. Por isso decidi incluir a história neste livro. Aliás... vamos mudar um pouco as coisas e intitular a história de: "O Cego e o Copywriter":

> Conta-se que numa praça em Paris, havia um cego que vivia a mendigar, sentado no chão, com roupas maltrapilhas e um chapéu velho onde recolhia as poucas moedas que alguns piedosos que passavam por ele lhe ofertavam.
>
> Para auxiliá-lo havia uma pequena placa de madeira com o dizer:
>
> "Por favor, ajude-me, sou cego".
>
> Certo dia um copywriter passou em frente a ele, parou e, ao ver as poucas moedas no chapéu, pegou o cartaz sem pedir licença, virou-o, tirou um giz e escreveu outro anúncio. Voltou a colocar o pedaço de madeira aos pés do cego e foi embora.
>
> Pela tarde, o copywriter voltou a passar em frente ao cego que pedia esmola e viu que agora, o seu chapéu estava cheio de notas e moedas. O cego reconheceu as pisadas do redator e lhe perguntou se havia sido ele quem reescreveu o anúncio, sobretudo, querendo saber o que havia escrito ali.
>
> O copywriter respondeu: "Nada que não esteja de acordo com o sua necessidade, mas com outras palavras". Depois de dizer isso, o copywriter sorriu e continuou seu caminho. O cego soube depois que seu novo anúncio dizia:
>
> "Hoje é Primavera em Paris, e eu não posso vê-la".

Milionários geralmente dominam técnicas de copywriting, seja na fala ou na escrita. Alguns citam que cartas de vendas são responsáveis por mais de 70% dos resultados em faturamento. Muitos deles não têm noção teórica de copy, mas aprenderam a usar seus princípios e fundamentos em favor de seus negócios.

A união de uma 'boa comunicação' com a 'arte de vender'. Os americanos sabem usar essa combinação para produzir riquezas. Nos EUA, essa "receita" tem sido responsável por bilhões e bilhões de dólares em vendas.

No Brasil, alguns já estão a par desse "segredo". Estão se tornando copywriters, mesmo que exerçam outras funções. Ao ler este livro até o final, você terá acesso ao mesmo conhecimento que esses homens usam para levar marcas à fama e à fortuna.

COM QUANTAS LÂMINAS SE FAZ 1 BILHÃO DE DÓLARES?

Há alguns anos, alguém escreveu um texto de vendas para o Dollar Shave Club. Até hoje não sei quem foi o escritor, mas o texto fez render 12 mil clientes em 2 dias e fez a empresa faturar R$180 milhões só em 2015. Parece loucura. Um único texto de vendas. Um único comercial.

Fundada na Califórnia em 2011, o Dollar Shave Club se tornou o maior case de clube assinaturas de produtos do mundo. Isso tudo aconteceu com uma estratégia de marketing e a aplicação inteligente do copywriting. A estratégia comercial da empresa é "agressiva" e mescla humor, especialmente em vídeos, onde seu fundador Michael Dubin é o protagonista. E os textos são demais criativos e persuasivos.

Depois de chegar a 3 milhões de assinantes de lâminas de barbear, com presença em 3 países (Canadá, EUA e Austrália), o Dollar Shave Club foi vendido por US$ 1 bilhão para a Unilever, segundo dados da Forbes. Esse é um dos maiores casos de sucesso de copywriting, que vale a pena revisar, pensar e se inspirar sempre. Confira o texto do anúncio mais famoso:

"Um Barbear Fantástico Por Alguns Dólares Por Mês"

Mike: "Olá, eu sou Mike, fundador do Dollar Shave Club.com.

O que é dollarshaveclub.com? Bem, por um dólar por mês enviamos lâminas de barbear de alta qualidade diretamente na sua porta.

Sim, um dólar.

As lâminas são boas? Não... nossas lâminas são boas pra c******.

Cada navalha tem lâminas de aço inoxidável, uma tira lubrificante de aloe vera e cabeça flexível. É tão suave que uma criança poderia usar.

E você gosta de gastar US$ 20,00 por mês em lâminas de marca? US$ 19,00 vão para o Roger Federer.... e já estou cheio de tênis.

E você acha que suas lâminas precisam de vibração, lanterna e 10 unidades? Seu avô bonitão tinha uma única lâmina e pólio, bonitão!

Pare de pagar por tecnologia de barbear que você não precisa. E pare de esquecer de comprar suas lâminas todos os meses. Alejandra e eu vamos enviar para você.

Não estamos apenas vendendo barbeadores, também estamos criando novos empregos. Alejandra, o que você estava fazendo mês passado?"

Alejandra: "Não trabalhando".

Mike: "E agora, o que você está fazendo?"

Alejandra: "Trabalhando".

Mike: "Não sou nenhum Vanderbilt, mas este trem faz fumaça.

Então pare de esquecer de comprar suas lâminas todos os meses e comece a decidir onde você vai colocar todos os dólares que estou economizando para você.

Nós somos dollarshaveclub.com, e a festa começou."

Quando falo que o copywriting nos dá um poder indiscutível, não estou exagerando. Certa vez, numa ligação com um cliente da área médica, e ele se mostrou vislumbrado com o copywriting. Na conversa, ele contou sobre seu tio, que é um grande escritor e vendedor. O tio nunca tinha ouvido falar em copy, mas sempre praticou a escrita para convencer. Isso confirmou o que digo: "A essência do copy é mais do que técnica, é mentalidade". O tio do meu cliente buscava fazer um curso para refinar a técnica e compreender como aplicar o que sabe em diferentes contextos, principalmente no digital. Se levou o plano adiante, deve estar escrevendo cartas de vendas e ganhando mais dinheiro enquanto você lê este livro.

Assim como empresários e homens de marketing, escritores podem ser bem-sucedidos com o copywriting. O AWAI apresenta a seguinte promessa no topo do seu site: "Você pode fazer uma vida muito boa como um escritor. Aprenda a começar a escrever por dinheiro e encontrar trabalhos de escrita freelance com a American Writers & Artists Inc.". Eles seguem com os textos institucionais:

"Qual é a melhor maneira de ganhar a vida como escritor? R: Existem inúmeras maneiras de ganhar a vida – na verdade, uma boa vida como escritor. O "melhor caminho" depende dos seus objetivos financeiros, do que você gosta de escrever e ler e do quanto deseja trabalhar".

"Quanto dinheiro os redatores podem fazer? R: Um dos maiores benefícios de aprender a escrever um copy é que isso abre várias oportunidades de escrita, e todas elas pagam muito bem. Desde US$ 300 em atribuições de conteúdo online até US$ 1.500 em estudos de caso, e US$ 2.000 em campanhas de mídia social até US$ 10.000 em cartas de vendas. Há uma grande variedade de taxas. E quanto você faz dependerá de quais tarefas você decide assumir".

Ok, há dois possíveis caminhos para você hoje. Aprender copywriting para vender seus próprios produtos (talvez você seja um empreendedor, um consultor, um microempresário ou um profissional liberal, por exemplo); ou aprender copywriting para vender serviços de escrita para o primeiro grupo (faz sentido se você for um redator, comunicador, profissional de marketing, *et cetera*). De qualquer forma, você precisa de copywriting.

A FILOSOFIA DO COPYWRITER

Napoleon Hill costumava dizer: "Tudo o que a mente humana pode conceber, ela pode conquistar.". Num dos meus cursos, ao falar sobre a mentalidade copywrite, apresentei aos alunos o que eu chamo da filosofia do copywriter. Criei este conteúdo após observar o comportamento de grandes figuras de negócios que dominam o método. Consegui identificar alguns pontos em comum que podemos considerar os pilares da mentalidade de um homem de copy. Segue a lista abaixo:

1. Não tem preconceito com vendas.
2. Tem o hábito de escrever para vender.
3. Está disposto a ajudar pessoas.
4. Busca a união perfeita entre escrita e vendas.
5. Estuda soluções para encontrar as melhores formas de se comunicar.
6. Sabe despertar a atenção e o desejo levando à ação as pessoas que leem seus textos.
7. Usa os princípios da persuasão sem abrir mão da ética e da honestidade.
8. Sabe que o copywriting não é fácil de fazer, não é um simples passatempo e não pode ser negligenciado.
9. É focado em resultados.
10. Não abre mão da criatividade.

Meu conselho é que se permita seguir essa lista e fortalecer sua mentalidade para trabalhar com copywriting, seja você um empresário, marqueteiro ou profissional de vendas. Aliás, uma excelente forma de começar a se desenvolver é fazendo a declaração abaixo...

DECLARAÇÃO DE DEDICAÇÃO AO COPYWRITING

O objetivo desta declaração é fazer uso da autossugestão, que é a influência de uma ideia persistente que alguém exerce sobre si mesmo, provocando alterações de comportamento. Com ela, a parte consciente da sua mente se comunica com a subconsciente, a fim de fixar algum desejo.

É de extrema importância que você reescreva essas palavras e, se possível, leia em voz alta, com emoção e firmeza. Se você deseja ser um copywriter acima da média, faça desta declaração uma ideia fixa, assim, você não terá dificuldade em convencer-se que terá êxito.

> Eu _____ declaro que a partir de hoje, __/__/__, me dedicarei com afinco ao copywriting. Aprenderei a escolher e usar as palavras certas para me comunicar melhor e vender mais.
>
> Sei que preciso deixar os preconceitos sobre vendas para ter resultados, e por isso usarei a persuasão para moldar minha própria mente de forma positiva. Terei uma mentalidade copywrite, assim como os grandes homens de negócios.
>
> Declaro também que quando tiver que influenciar outras mentes, não abrirei mão da ética e da honestidade. Pensarei em ajudar sinceramente a quem ler meus textos e interagir com minhas comunicações.
>
> Usarei a minha criatividade e melhorarei sempre a minha técnica para escrever textos que vendam produtos e serviços que resolvam problemas reais – ou que satisfaçam o desejo sincero do consumidor.
>
> Não hesitarei em cobrar bem pelos meus trabalhos e perseguirei os resultados financeiros, a fim de deixar meus clientes e os clientes deles mais do que satisfeitos. No fim, sei que estarei ajudando a girar a roda do progresso e serei mais próspero e feliz.

Observação: a declaração acima é um modelo. Você mesmo pode criar sua própria declaração, inclusive, personalizando objetivos pessoais que deseja alcançar com o copywriting. Mas importa que você reescreva as palavras abaixo exatamente como as coloquei como forma de exercício, pelo menos duas ou três vezes.

E siga em frente.

O que você precisa fazer de hoje em diante é buscar formas de modelar sua mente para o sucesso com copywriting. Mas saiba que não é possível formar uma mentalidade da noite para o dia. Para construir um castelo, deve-se fazer um bom alicerce.

Pensar como um persuasor, como copywriter, tem a ver com dominar pela raiz, compreender os diferentes contextos para criar copywriting capaz de influenciar pessoas e construir negócios mais lucrativos usando o poder das palavras. Bem, aqui está o caminho para você desenvolver isso:

- Ler livros de persuasão e copywriting (você já está fazendo isso).
- Mergulhar em biografias de grandes copywriters.
- Estudar textos de copy que fizeram milhões.
- Fazer algum curso que não ofereça apenas fórmulas prontas.
- Usar o que aprendeu no seu contexto de mercado.

E mais:

- Observar copywriters em atuação.
- Treinar todos os dias (isso é muito importante).
- Aplicar suas habilidades em projetos próprios ou de clientes.
- Testar, testar, testar.
- Melhorar sempre.

Quanto tempo diariamente você pode dedicar a isso? Bem, seja 20 minutos ou 7 horas, garanto que depois de alguns meses, você estará mais bem preparado para vender mais e convencer as pessoas a tomarem ações específicas. E sua vida nunca mais será a mesma.

PARTE 2

ANTECEDENTES

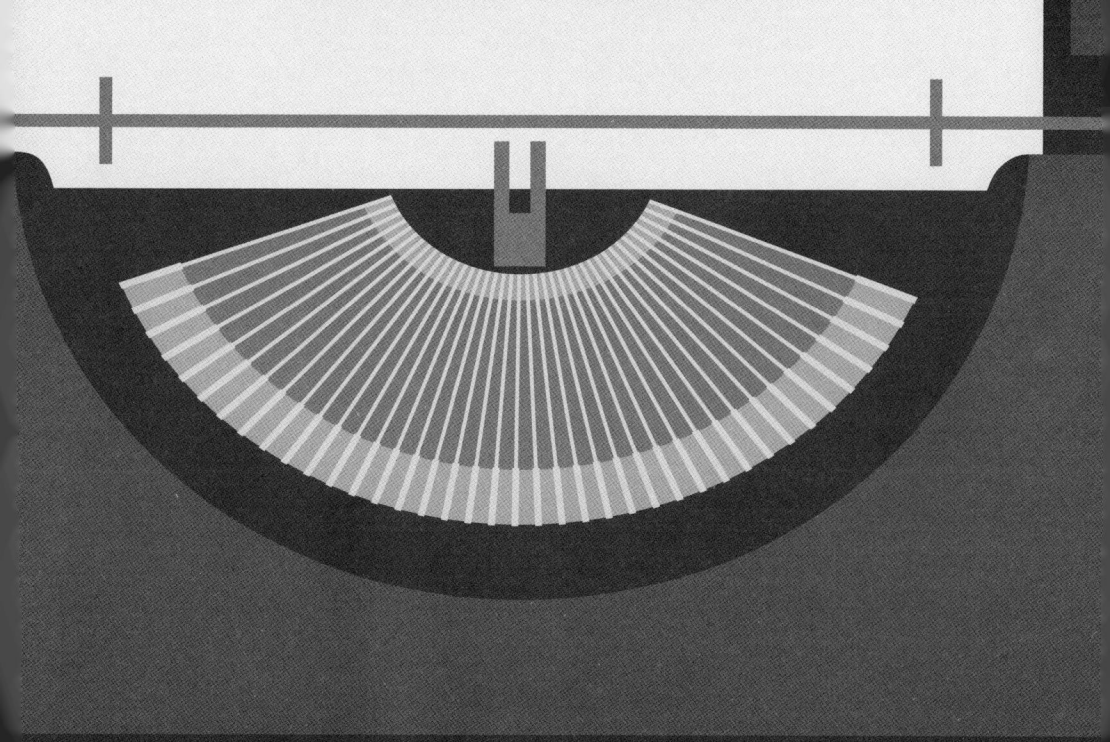

AS SAGRADAS PREMISSAS

"Se quiser derrubar uma árvore na metade do tempo, passe o dobro do tempo amolando o machado."
— *Provérbio Chinês*

Nos próximos capítulos vamos estudar sobre os principais elementos usados num copywriting, como o título, o texto, o CTA, enfim, aspectos técnicos basilares. "Ingredientes" que você precisa conhecer separadamente para depois inserir na "receita do prato".

Mas antes preciso fornecer um panorama geral sobre os antecedentes de um copy, os componentes que precedem a escrita propriamente dita. O que você precisará fazer depois é usá-los no planejamento de sua comunicação, trabalhando para extrair os principais fatos e conceitos que ajudarão a escrever um texto poderoso.

Premissa no dicionário é o ponto ou ideia de que se parte para armar um raciocínio. Significa a proposição, o conteúdo, as informações essenciais que servem de base para um raciocínio, para um estudo que levará a uma conclusão. Falando de copywriting, consideramos algumas premissas que fornecerão as informações essenciais para a construção do argumento de vendas.

CONTEXTO

Todo copy é criado dentro de um contexto comercial. Por exemplo, se um cliente me contrata para escrever o copy de um produto que ensina "dona de casa a empreender com doces caseiros", eu preciso analisar todo o contexto, que inclui: o mercado, o público, as necessidades, anseios e preferências desse público, o que o produto fornece como solução para os problemas do público, quanto o público está disposto a pagar pela solução *et cetera*.

Ou seja, é preciso analisar cada elemento que pode influenciar o copy num todo.

Ao buscar definições para "contexto", encontrei essas duas:

1. *Inter-relação de circunstâncias que acompanham um fato ou uma situação.*
2. *Conjunto de palavras, frases, ou o texto que precede ou se segue a determinada palavra, frase ou texto, e que contribuem para o seu significado; encadeamento do discurso.*

Veja, se usarmos essas explicações na produção de copy, as coisas ficarão mais claras. Eu posso, por exemplo, dividir o contexto em duas camadas:

- **Primeira camada.** A relação dos fatos e circunstâncias em torno do copy – e que nortearão a oferta e a promessa.
- **Segunda camada.** O uso de palavras e frases que se encaixam dentro da primeira camada – e que tornarão o discurso atrativo aos olhos do cliente.

A primeira camada é resolvida a partir de pesquisas e questionários. Você, como copywriter, tem o dever de fazer estudos e pesquisas de mercado para conhecer o contexto geral do produto. O que você precisa saber para facilitar seu trabalho? Ler matérias especializadas? Visitar fóruns e grupos onde o público interage e fornece informações valiosas? O que o produto tem de tão valioso aos olhos do público? Enfim, faça perguntas, muitas perguntas, e vá atrás do que pode facilitar sua produção.

A segunda é conseguida com base na primeira. Certa vez, enquanto fazia pesquisas para um copy sobre insônia, li matérias que destrinchavam as dores e anseios de quem sofre disso. No rodapé dessas matérias, havia comentários de pessoas reais falando sobre como é viver sem dormir direito. Esses comentários me forneceram informações e termos que eu poderia usar na construção do copy. Criei um *Word Map*, ou seja, um mapa de palavras que a persona usa no dia a dia. Isso me auxiliou muito na hora de escrever e eu consegui conectar melhor com o texto. No *Word Map* sobre sono, usei termos e expressões, como:

Insônia; ausência de sono; não consigo dormir; como eliminar a insônia; cansaço; falta de sono; distúrbios de sono; por que não consigo dormir.

SOLUÇÃO

Ainda nos aspectos de planejamento do copy, é preciso se dedicar a estudar a fundo o produto para ter clareza sobre a solução que ele promove. Basicamente, é conhecer cada elemento que o compõe, passando por fatos e terminando em benefícios.

O primeiro passo é escrever todos os fatos possíveis sobre seu produto/serviço em uma lista. O ideal é que se escreva no mínimo entre 4 a 5 páginas com todos os fatos do que será vendido. "O que é um fato?", você pode perguntar. Bem, se você está vendendo um liquidificador, podem existir alguns fatos, por exemplo:

- É um aparelho doméstico;
- É preto;
- O copo é de acrílico reforçado;
- Bivolt;
- Multifuncional;
- Garantia de 12 meses.

E escreva tudo que puder sobre o produto. Será trabalhoso em todos os casos, mas isso fará toda a diferença quando você começar a escrever. Você estará apto a listar fatores importantes que influenciarão a decisão do leitor. Portanto, não negligencie essa etapa.

O segundo passo é escrever os benefícios É fundamental que cada fato seja interligado a um benefício. O fato que o liquidificador é preto, por exemplo, pode destacar o seguinte benefício: não encarde como acontece com os aparelhos brancos e beges. Isso pode chamar a atenção de uma dona de casa, que terá menos trabalho para limpar o aparelho com esta cor.

Eu costumo fazer algo assim:

Características	Benefícios
Preto	Não encarde
Copo de acrílico reforçado	Não quebra facilmente

Você precisa vender o "sonho", e essa lista de benefícios serve para isso. Vender o sonho, a ideia, a vantagem, é o objetivo do copywriting. A pessoa precisa ter seu desejo despertado, mesmo que esse desejo seja o de resolver um problema imediato. Um liquidificador novo pode resolver o problema de estar usando um aparelho velho, com a lâmina que não tritura os alimentos de forma eficiente.

GANCHO

A partir do contexto, cria-se um ou mais ganchos.

Quem nunca foi arrebatado por ganchos (insinuação de algo que está por vir)? Enfim, seja num anúncio que surgiu no *feed* do Facebook, uma manchete sensacionalista num jornal ou revista, numa chamada curiosa para um programa de tevê, um desfecho de cena num filme?

Os ganchos funcionam como verdadeiros "ímãs", e, se forem bem elaborados, o leitor iniciará a leitura do copy, e o parágrafo seguinte logo depois e, se tudo der certo, chegará à chamada para ação. O gancho é como se fosse um anzol fisgando o leitor para o texto.

Na maioria dos casos, você tem poucos segundos para chamar a atenção do possível comprador. Por isso usar informações curiosas, algo que surpreenda quem está lendo e convença-o a conferir toda a apresentação, costuma funcionar bem. Exemplo:

> "Você sabia que é possível curar a insônia sem remédios ou terapias caras?"

PROMESSA

Há duzentos anos, um homem conhecido como Dr. Johnson disse o seguinte: "Promessa, a grande promessa é a alma de um anúncio.". Tempos depois, quando colocou em leilão os bens da cervejaria Anchor, ele fez a seguinte promessa: "Nós não estamos aqui para vender caldeiras e tanques, mas a possibilidade de enriquecer muito além dos sonhos de um avarento".

Promessa é a 'coisa prometida', a afirmativa de que se dará ou fará alguma coisa. Você precisa encarar esse elemento como um compromisso. Ao apresentar uma promessa, você está assumindo um compromisso com o potencial cliente.

A promessa precisa estar presente no copy para transmitir segurança, e é seu dever fazer o leitor-alvo acreditar que será cumprida. É sua maior afirmação, é como você vai prender a atenção do leitor. A promessa pode estar presente no título e indica o que a sua oferta vai fazer para o leitor, ou seja, como ela vai melhorar a vida dele. Portanto, ao elaborar seu copy, procure responder:

- "Quais são as promessas que ele faz?"
- "Quão fortes são os benefícios propostos?"
- "Como eu posso fazer o leitor querer muito que essa promessa se cumpra?"

Ainda usando o exemplo do texto de insônia, a promessa foi apresentada da seguinte forma, já na headline:

> "A cura para a insônia. Sem antidepressivos. Sem tratamentos que valem uma fortuna – apenas uma pequena mudança na sua rotina."

PERSONA

Você sabe quem é o seu cliente ideal? Sabe o que ele está buscando? Tem ideia de suas maiores necessidades e dores? Se a resposta é não, então você tem um problema. E esse é o problema que pode impedir os seus resultados com o copywriting.

A partir do momento em que você decide escrever uma comunicação persuasiva, definir uma *buyer persona* é fundamental para conhecer melhor os seus clientes. Mas o que seriam buyer personas? São personagens fictícios criados para simular um cliente real. São feitos com base em perfis, que incluem informações demográficas fundamentais, recolhidas através de pesquisa com pessoas reais. Esses perfis são uma representação direta de um grupo de clientes que compartilha valores semelhantes, comportamentos e objetivos.

Personas começam com esses perfis básicos, mas, em seguida, são dados nomes, rostos, personalidades e famílias, para pintar um retrato exato e preciso do que essa pessoa quer e precisa na vida real. Uma vez completo, eles podem ajudar a determinar o objetivo final para um determinado consumidor, de modo que a sua marca saiba precisamente como orientá-las.

O assunto é de grande importância e por isso reservei um capítulo para falar sobre isso. Você poderá conferir em seguida!

EMOÇÃO

Emoção é definida como uma reação a um estímulo ambiental que produz tanto experiências subjetivas, quanto alterações neurobiológicas significativas, e são associadas ao temperamento, personalidade e motivação.

Um copy sem emoção tem grandes chances de falhar. Já cometi o erro de escrever textos demasiadamente racionais, onde argumentos lógicos foram apresentados com firmeza. Mas o discurso não vendeu, simplesmente porque o que vende é a emoção (guarde isso).

Vamos supor que você já conhece a dor/problema que o seu público enfrenta. Ainda no exemplo da insônia, a dor/problema é o fato da pessoa não conseguir dormir. O caminho para despertar a emoção do leitor é explorar como esse problema pode trazer males para a vida dele. Veja como eu procurei fazer isso no copy.

Primeiro eu mostrei uma série de matérias e estudos que diziam coisas, como:

> "Falta de sono leva a doenças e encurta a vida, mostram estudos"
>
> "Noites em claro podem causar distúrbios psiquiátricos"
>
> "Estamos dormindo cada vez menos horas e o resultado desse hábito é desastroso para a saúde"
>
> "Insônia pode ser causa (e não sintoma) da depressão"

Depois eu comecei a mostrar como essas coisas podem destruir a vida de quem sofre de insônia:

> Como você pode ver, dormir mal pode levar a uma série de complicações na saúde, além de encurtar sua vida.
>
> Se você sofre com a insônia deve saber bem como é conviver com sinais de cansaço, falta de atenção, estresse e desmotivação.
>
> Mas não é só isso...
>
> Não ter a quantidade de horas necessárias de sono pode levar você a um problema chamado...
>
> "Síndrome do Sono Insuficiente".
>
> E essa síndrome pode desencadear um desbalanço metabólico e acabar fazendo com que outros problemas apareçam.

Para chegar a textos como esses acima, eu faço um exercício de descrever a emoção que eu desejo fazer a persona sentir. O exercício fica mais ou menos assim:

*De acordo com as pesquisas e análise da dor/dificuldade da persona, faz sentido despertar **o desejo de alívio**. Podemos usar frases como: "Você não precisa continuar vivendo com a sensação de estar carregando uma bagagem pesada nas costas. Imagine você poder se sentir bem e descansada todos os dias...".*

*Também penso que, após descrever como é a vida de uma pessoa com insônia, podemos mostrar que a pessoa não está tendo uma vida normal, já que vive sob pressão. Nesse contexto, o **desejo de ter um dia a dia comum** deve nortear o copy também.*

*Na lista de *27 emoções, a que mais faz sentido trabalhar é a **alegria**. Toda pessoa busca alegria, mas com insônia, a alegria diminui ou some. A alegria pode ser vivenciada ao desfrutar de bons momentos da vida com prazer – mas dor é o oposto de prazer. A persona deve entender que terá a alegria ao poder viver sem privação de sono. Isso deve estar implícito/explícito no copy.*

(Veja mais no exemplo no fim do capítulo).

*As 27 Emoções

Uma equipe da "University Of California – Berkeley" desafiou o antigo esquema de emoção realizando um estudo que mostra a existência de muitas outras facetas do nosso "sentir". Os autores, Alan Cowen e Dacher Keltner, se deram o objetivo de "trazer à luz toda a gama de emoções que colorem o nosso mundo interior".

O experimento baseou-se em uma amostra de 853 participantes divididos em 3 grupos, aos quais foram exibidos 2.185 vídeos curtos sem áudio, úteis para levantar os nossos diferentes tipos de emoções. Foram mostrados momentos felizes: casamentos, nascimentos, relações sexuais; bem como situações difíceis: morte, calamidades naturais, guerras e muito mais. Ao final, os participantes foram convidados a preencher um questionário sobre como eles se sentiram durante a sessão.

o experimento identificou 27 emoções (embora provavelmente haja ainda mais):

1. Admiração
2. Raiva
3. Apreciação estética
4. Diversão
5. Ansiedade
6. Sujeição
7. Embaraço
8. Tédio
9. Calma
10. Confusão
11. Vontade
12. Desgosto
13. Dor empática
14. Êxtase
15. Inveja
16. Excitação
17. Medo
18. Horror
19. Interesse
20. Alegria
21. Nostalgia
22. Romance
23. Tristeza
24. Satisfação
25. Desejo sexual
26. Simpatia
27. Triunfo

Consulte esta tabela sempre que precisar.

ESTRUTURA

Estrutura em copywriting é a organização, disposição e ordem dos elementos essenciais que compõem uma comunicação. Uma estrutura define como o copy é feito. É uma configuração de itens, uma relação de componentes ou elementos inter-relacionados.

Alguns dizem que o segredo de um excelente copywriting não está nas palavras que se usam, mas na estrutura. Bem, eu gosto de pensar que está em tudo. Você também precisa pensar nas melhores palavras, mas é fato que a estrutura usada é importantíssima. Exemplo de estrutura simples:

Página de vendas.

1. Headline.
2. Vídeo.
3. Botão com CTA.
4. Aviso indicando compra segura e opções de pagamento.
5. Mais argumentos.
6. Garantia.
7. Outro botão com CTA.

A estrutura correta aliada ao poder das palavras te ajudará a prender a atenção do seu leitor e o fará sentir emoção a ponto de tomar uma decisão. Nos capítulos que seguem, vou apresentar algumas estruturas e modelos abrangentes que são usados na construção de copywriting. Você conferirá, por exemplo, o Modelo AIDA e a estrutura da carta de vendas com 12 sessões pré-estabelecidas.

EXEMPLO DE PLANEJAMENTO FEITO COM BASE NAS 7 PREMISSAS:

Premissas LifeCare

Produto: LifeCare (nome fictício)

Resumo: protetor de silicone destinado a portadores de joanetes (Hálux Valgo). Ajuda no alívio das dores locais causadas pela pressão dos calçados contra a deformidade. Além de proporcionar conforto pelo seu efeito acolchoado, possui um mecanismo que mantém a articulação alinhada, reduzindo as dores locais favorecendo o retardo da evolução e possível diminuição.

1 – Contexto:

Pesquisa:

Matérias jornalísticas e estudos:

"Joanete: o 'dedo a mais' que causa desconforto e dor no pé do corredor"

"O que é joanete e se tem cura"

"43% dos brasileiros sofrem de joanete"

"Definição de joanete"

"Joanete geralmente é um problema hereditário"

Camada 1:

- **Mercado:** Nicho: Saúde > Ortopedia/Podologia > Produtos para os pés
- **Público-alvo:** Mulheres adultas, entre 25 e 55 anos, que sofrem de joanete.

Camada 2 (Word Map):

Dor	Prazer
• Joanete • "Segundo dedo" • Dor • Joanete tem cura? • Desconforto • Sofrem • Sofrer • Dificuldade • Dia a dia • Dificulta a compra de calçados • Impossível ter uma vida comum • Dor no pé • Dor no dedão • Dificuldade para movimentar o dedão do pé • Lesões • Problemas mais graves	• Corrigir a deformação causada pelo joanete • Fácil de usar • Alívio • Bem-estar • Solução • Uma mudança muito grande na postura • Desinchaço dos tornozelos e correção do hálux (dedo grande do pé) • Confortável • Conforto

2 – Persona:

(Ver exemplo na seção sobre o assunto)

3 – Solução:

Fatos	Benefícios
É um produto físico.	• É fácil de usar.
É um corretor ortopédico.	• Estimula a postura correta dos pés e promove o reposicionamento dos dedos de forma gradativa e natural, sem sofrimento. • Alivia a dor dos dedos do pé dobrados, dedos sobrepostos e joanetes.
É de silicone gel produzido na densidade exata.	• É macio, confortável e não incomoda.
Encaixa-se ao contorno do pé e envolve o joanete.	• Diminui as dores, evita o atrito do pé com o calçado e evita inflamações.
Composto por um afastador central, elástico e macio.	• Protege a pele entre os dedos enquanto faz com que os dedos retornem à posição correta.
Serve do nº 33 ao 42.	• Para qualquer pessoa que sofra com o problema.
Produto de baixo custo.	• Uma solução barata que evita o custo com tratamentos caros posteriores, cirurgias e uso de remédios com efeitos colaterais.
Produto de uso diário.	• Pode ser usado de dia e a noite com qualquer calçado

Lavável.	• Pode ser lavado com os mais diversos tipos de materiais sem danificar o material.
Durável.	• Feito em material de alta durabilidade que pode ser usado inúmeras vezes.
Antialérgico.	• Feito em material que não causa alergia e irritações na pele.
Será vendido em kit.	• Que funcionará com um tratamento eficaz para o joanete (o uso de tratamento é essencial).
É um tratamento barato	• Evita custos com procedimentos caros, cirurgias dolorosas e uso de remédios com efeitos colaterais

4 – Emoção:

De acordo com as pesquisas e análise da dor da persona, faz sentido despertar na persona **o desejo de alívio nas dores** causadas pelo joanete. Podemos usar frases como: "Uma sensação de alívio não tem preço, não é verdade? Imagine você poder se sentir assim todos os dias".

Também penso que, após descrever como é a vida de uma pessoa com joanete, podemos mostrar que a pessoa não está tendo uma vida normal, já que vive sob tensão que parte da dor no pé. O **desejo de ter um dia a dia comum** deve nortear o copy também.

Na lista de 27 emoções, a que mais faz sentido trabalhar é a **alegria**. Toda pessoa busca alegria, mas com dor, ela diminui ou some. A alegria pode ser vivenciada ao desfrutar de bons momentos da vida com prazer – mas dor é o oposto de prazer. A persona deve entender que terá a alegria de poder usar calçados abertos sem constrangimento devido à deformidade com a diminuição do grau da lesão. Isso deve estar implícito/explícito no copy.

Com base na mesma emoção, está a **elevação da autoestima,** pois a vergonha dos pés deformados está entre as principais reclamações. A persona enxergará a possibilidade de usar o calçado que quiser, sem precisar esconder os pés.

5 – Promessa:

Fim dos joanetes.

Dê adeus à dor e à vergonha de ter o dedão do pé torto – e passe a usar qualquer calçado que você queira.

6 – Gancho:

"Um tratamento barato e 100% eficaz que evita custos com procedimentos caros, cirurgias dolorosas e uso de remédios com efeitos colaterais".

7 – Estrutura:

- VSL/Página de vendas (ver modelo).

GUIA DE CONSTRUÇÃO DE OFERTA (MÉTODO COPYALT)

Para colher informações essenciais e trabalhar melhor as 7 sagradas premissas, uma boa sequência de perguntas e respostas é imprescindível. Abaixo você verá na íntegra um questionário que eu chamo de "Guia de Construção de Oferta", que é baseado no meu método pessoal de copywriting, o CopyALT. Quando fecho contrato de copywriting com algum cliente, é este documento que envio para que ele responda. Também o uso na hora de escrever comunicações comerciais para os meus próprios projetos. As respostas para essas perguntas representam uma etapa importante que não deve ser negligenciada se você deseja "acertar a mão" no seu discurso de vendas.

Caro cliente,

Seja bem bem-vindo ao nosso Guia de Construção de Ofertas. Este é um documento para construirmos uma oferta impossível de ser recusada por quem está genuinamente interessado no seu produto ou serviço.

Porém, vamos lembrar. Isto não é o seu copywriting, não é sua carta de vendas ou VSL. Este é o coração do copywriting. Quando você completar todos os itens deste material, eu vou começar a construir seu copy ajustando minhas ideias com o que você acabou de preencher.

Qual a função exata desse documento? Induzir você a ir fundo no seu produto ou serviço, e encontrar os principais elementos que farão sua oferta completamente irrecusável para seu público e persona.

Parte 1: Brainstorm

As perguntas nesta parte foram desenhadas para ajudar você no processo de "Brainstorm". Cada pergunta fará você pensar em aspectos específicos e importantes da sua oferta.

IMPORTANTE: elas não precisam ser respondidas em ordem. Elas podem mudar baseado nas outras respostas. Você não precisa expor detalhes significativos... ideias e conceitos básicos são um bom ponto de partida para ser expandido depois.

Questões Primárias

1. Descreva a maior solução única que seu produto ou serviço fornece.
2. Qual a dor ou circunstância específica que seu cliente potencial tem que o levaria a usar seu produto ou serviço?
3. Qual a natureza superior do seu produto ou serviço em relação a outros produtos que seu prospecto poderia usar como uma solução?
4. Faça uma lista de características e benefícios de cada aspecto do seu produto.
5. Após usar seu produto ou serviço, como a vida do seu cliente melhorará além da resolução imediata do produto?
6. Identifique uma experiência pessoal que você, um amigo ou membro da família teve com seu produto ou serviço que teve um resultado positivo inesperado.

7. Como você pode usar a experiência de (nome da pessoa) para ajudar a mostrar autoridade e credibilidade em relação ao produto ou serviço que você está oferecendo?
8. Explique exatamente como seu cliente usará seu produto para ter sucesso em resolver a dor ou circunstância dele.
9. Liste todas as possíveis objeções que as pessoas podem usar para evitar usar seu produto ou serviço.
10. Liste todos os depoimentos que você tem disponíveis para sua apresentação.

Questões adicionais.

11. Identifique pelo menos três maneiras possíveis que você pode ganhar atenção imediata ao usar o "Benefício Superior" ou "Maior Distinção" do seu produto ou serviço.
12. Liste pelo menos três razões específicas porque seu cliente precisa resolver a circunstância dele agora.
13. Descreva formas que você pode demonstrar a experiência ideal que alguém teria usado seu produto ou serviço (o "Resultado Final").
14. Descreva maneiras que você lembra e "enquadra" seu cliente porque eles estão vendo a comunicação do seu produto ou serviço.
15. Quais itens e serviços específicos serão incluídos na sua oferta principal e qual o preço individual de cada um?
16. Como você pode criar valor adicional e assim tornar praticamente impossível que seu prospecto recuse a oferta?
17. Descreva exatamente o que seu prospecto precisa fazer para agir agora e completar a transação... como será o processo, gateway de pagamento, et cetera...
18. Agora que seu cliente comprou, liste pelo menos 3 maneiras diferentes que vão garantir que eles continuem seus clientes e façam ainda mais negócios com você.
19. Liste elementos específicos do seu "sistema de indicações" e como você vai encorajar clientes e outros a indicar novos contatos para você.
20. Identifique as formas que você se comunicará com clientes atuais, assim como com quem ainda não é seu cliente.

Parte 2: Elementos-chave detalhados

1. **Produto.** Descreva especificamente o produto ou serviço que você está oferecendo.

2. **Cliente.** Identifique o indivíduo ou grupo que você está direcionando, baseado na propensão de precisar ou querer seu produto ou serviço.
3. **Solução.** Identifique especificamente como seu produto ou serviço responde as necessidades que seu cliente enfrenta na circunstância.
4. **Circunstância.** Identifique o problema, desejo ou necessidade que seu cliente está passando.
5. **Característica Superior.** Qual a Característica Superior do seu produto ou serviço que o torna totalmente único e uma escolha melhor entre outras soluções que são oferecidas atualmente?
6. **Benefício Superior.** Qual o Benefício Superior do seu produto ou serviço que torna quase impossível questionar o valor dele?
7. **Características.** Quais as características específicas do seu produto ou serviço que oferecem as soluções necessárias?
8. **Benefícios.** Como cada característica beneficia os usuários do produto ou serviço?
9. **Melhoria Superior.** Qual a melhoria da circunstância quando você utiliza seu produto ou serviço?
10. **Terra Prometida.** Descreva as expectativas que o usuário de seu produto ou serviço pode criar.
11. **Distinção Única.** Geralmente é uma "derivação" da "Característica Superior" e "Benefício Superior". Qual o fator que torna o seu produto ou serviço a ÚNICA escolha no mercado?

Parte 3: História

1. **Personagem(ens).** O(s) personagem(ens) principais da sua história, começando pelo personagem principal que geralmente, mas nem sempre, é você mesmo.
2. **Cenário.** O local onde sua história acontece. Pode ser um local específico, mas não precisa ser apenas geográfico. Pode ser, por exemplo, "Um churrasco de aniversário em 1999".
3. **Evento.** O que está acontecendo de "pano de fundo" para você contar sua história.
4. **Expectativa.** Qual a expectativa de resultado da progressão natural da história.
5. **Complicação.** Qual o maior obstáculo que aparece no meio da expectativa. Pode ser uma falha ou uma série de eventos desafiantes que surgem.
6. **Descoberta.** Uma revelação que traz nova luz à situação e ajuda de alguma forma a realização da expectativa.

7. **Mensagem Chave.** A "moral da história"... a ideia que você quer comunicar com sua audiência como "grande sacada" e a razão de compartilhar sua história.

Parte 4: Criação do Cenário

1. **Quem.** Descreva exatamente para quem é seu produto ou serviço.
2. **Porque.** Explique porque seus prospectos devem se interessar no seu produto ou serviço.
3. **O que.** Explique sobre o que é seu produto ou serviço que deve ser de interesse dos seus prospectos.
4. **Como.** Explique como seus prospectos devem usar seu produto ou serviço para ter sucesso.
5. **Agora.** Dê a eles todas as ferramentas que precisam para ter sucesso AGORA.
6. **Objeções.** Liste o máximo de razões que alguém poderia levantar para não comprar seu produto. Tente elaborar pelo menos 20 delas, e responda cada uma. Isso pode ser incorporado na sua comunicação para eliminar as objeções antes mesmo que se tornem um obstáculo.

Parte 5: Influência

1. **Autoridade.** Você deve criar forte credibilidade e motivação porque as pessoas devem respeitar e ouvir você, ou considerar o produto e serviço que você está oferecendo. Você pode começar a partir da experiência passada, certificações ou associações, assim como a influência de outras pessoas para fortalecer sua credibilidade. Exemplos: Este método de crescimento de negócios já foi usado em lançamentos de milhões de dólares; você é especialista em sua área, *et cetera*.
2. **Prova social.** Aqui é hora de demonstrar o poder da "opinião popular" sobre o seu produto ou serviço.
3. **Depoimentos.** Uma "aprovação" específica do seu produto ou serviço que idealmente foca em um aspecto particular, com resultados claros baseados nas circunstâncias. É melhor evitar simplificações como "Adoro esse produto" ou "Eles são os melhores". Quanto mais específico for um depoimento sobre uma característica específica do seu produto ou serviço, mais forte será. Se possível consiga vídeos ou fotos reais. Prints costumam funcionar muito bem também.

4. **Reciprocidade.** Quando você oferta algo de valor e não pede nada em troca, a natureza humana gera o impulso de "retribuição" de alguma forma (esse é um princípio de persuasão). E quando você fornece conteúdo gratuito as pessoas tendem a querer comprar algo da próxima vez. É a mentalidade de "algo bom merece outro".
5. **Comprometimento.** Você encontra maneiras de reforçar os pequenos passos que as pessoas já deram na direção do seu produto ou serviço. Colocando uma série de pequenos "micro compromissos" torna o comprometimento final mais fácil. E também, assim que as pessoas começam a seguir numa direção, elas continuam a jornada se é um processo fácil e natural.
6. **Escassez.** Uma forma de você examinar o que oferece e surgir com uma forma legítima de demonstrar que é limitado. É importante destacar que falsa escassez é facilmente percebida e tem grandes efeitos negativos. Ou seja, falar "apenas 11 vagas restantes" quando você ainda tem 111 não é um bom uso de escassez. Nunca minta.

Parte 6: Ensino

1. **O gancho.** Você precisa dizer às pessoas porque elas devem prestar atenção em você, na sua mensagem e na sua oferta. Algumas formas comuns de ganchos: agitar dor ou aguçar o prazer; trazer uma perspectiva pessoal; levantar uma pergunta como "Você sabia que?" (Evite sim/não); revelar alguma coisa; ser específico (uma informação muito específica e que vai gerar uma grande revelação).
2. **História.** Onde você realmente conta sua história baseado nos pontos da Parte 3 deste questionário.
3. **Solução circunstancial.** Aqui você explica a solução específica que você pode resolver para o problema que seu prospecto tem. É a explicação detalhada que suporta o seu produto.
4. **Autoridade.** Você deseja criar grande credibilidade e justificativa porque as pessoas devem respeitar e escutar você, ou considerar o seu produto ou serviço. Você pode trazer isso de experiências anteriores, certificações, etc. É bom demonstrar resultados, usar depoimentos ou "pegar autoridade emprestada" com influenciadores e outras figuras de autoridade.
5. **Motivo.** O motivo específico porque seu prospecto deve agir agora.

Parte 7: Transformação

1. **Vantagem Pessoal.** Diga o que atraiu você a esse produto ou serviço. O que especificamente você gosta nele? O melhor uso disso é quando você consegue descrever seu próprio "caso de uso pessoal"... em outras palavras, o que você usa do seu produto? Por que ter este produto ou serviço te dá uma "vantagem pessoal" e por que as pessoas devem considerar isso?
2. **Experiência.** Este é o ponto mais impactante e poderoso de uma mensagem de marketing. Você precisa mostrar como seu produto ou serviço vai mudar a circunstância do seu cliente. Aqui é onde seu cliente aprende sobre o valor do seu produto, e o que você sabe na área. É recomendável usar vários depoimentos e histórias para descrever como é a experiência de usar seu produto ou serviço. Se possível, mostre o produto em ação "em tempo real". Deixe aberto várias opções de como o cliente pode usar seu produto/serviço. Faça com que seu cliente tenha a própria experiência. Mostre um "Comece Agora". Você quer dar a resposta para o problema deles sem que precisem pagar. Essa é uma informação importante que vai ajudar seu cliente a tomar ação antes de fechar a compra.
3. **Relembre o Benefício.** Aqui é onde você reforça o resultado e todos os benefícios associados com esse resultado. Você vai demonstrar as melhores circunstâncias possíveis, você pode dar sua opinião pessoal sobre o produto (mas lembre-se de justificá-los). Além dos benefícios já demonstrados, adicione ainda mais para aumentar a percepção de valor.
4. **Transição para o discurso de vendas.** Aqui você deve fazer a transição da "demonstração" para a "conversão". Em outras palavras, até agora seu cliente está no "modo passivo", então você precisa fazer a transição para que ele seja ativo e tome uma ação específica.

Parte 8: Transação

1. **Lembre do objetivo.** Relembre seu prospecto que ele está vendo o seu anúncio, vídeo ou mensagem por uma determinada razão... Você já deve ter ouvido: "Uma pessoa não vai a uma loja a não ser que queira comprar.". Isso não significa que todos vão comprar sempre, mas isso não significa que quem está lá não está considerando o produto. Eles estão lá porque há uma razão ou circunstância que os interessa. Não perca isso de vista.

2. **Mais prova.** Reforce a experiência. Você precisa mostrar o resultado real, e se possível fazer o prospecto imaginar a própria experiência baseado nos resultados do seu produto ou serviço.
3. **Oportunidade de Acesso.** Aqui você apresenta os detalhes e componentes do pacote da oferta inicial que você tem disponível. Quais produtos ou serviços estão inclusos e quais os benefícios de cada um? Que informação nesse sentido você pode incluir?
4. **Cenário de sonho.** É sempre uma boa ideia "apimentar" a oferta apresentando bônus. Se alguém está em cima do muro, o valor extra inerente dos bônus geralmente os faz tomar uma decisão. Pergunte-se, se o prospecto pudesse desejar qualquer coisa como complemento de tudo isso, quais itens seriam esses que seria quase impossível para eles dizerem não?
5. **Transação.** Os detalhes de como a transação será executada, em relação ao preço e formas de aquisição. Parcelamento, modo de pagamento (cartão, boleto, transferência bancária), et cetera.
6. **Garantia.** É altamente recomendado você "bancar" 100% seu produto, e dar uma garantia é uma forma de remover o risco da compra. Deixe claro todas as garantias do seu produto ou serviço. Você pode "reverter o risco" oferecendo uma garantia e um bônus adicional para a tomada de decisão.
7. **Chamada para ação.** Tenha certeza de dizer aos prospectos interessados exatamente o que fazer para completar a transação. Não subestime o valor de imagens, ilustrações e vídeos específicos que mostrem a maneira correta de fazer o processo, especialmente se você está vendendo algo online. Isso não é para ser vago ou sutil... "chamadas para ação" devem ser fortes e óbvias.
8. **Aprimoramento.** Aqui é onde você pensa em todos as ofertas de "upsell" ou "adicionais". A ideia é que quem comprar algo de você está procurando pelo melhor resultado possível de usar seu próprio produto ou serviço e esses "aprimoramentos" podem ajudar a garantir que o resultado apareça.

Observações: dependendo do contexto de mercado e do produto, algumas perguntas não farão sentido responder. E dependendo do nível de conhecimento do cliente sobre seu próprio produto, haverá dificuldade nas respostas para algumas questões. Se você tiver prestando serviço como copywriter, cabe a você ajudar o dono do produto a encontrar as respostas.

ABORDAGENS ESSENCIAIS

"Venda valor, não preço."
— *Philip Kotler*

"Você pode fazer lição de casa a partir de agora até o dia do juízo final, mas você nunca vai ganhar fama e fortuna a menos que você também invente grandes ideias. É preciso uma grande ideia para atrair a atenção dos consumidores e levá-los a comprar seu produto. A menos que sua publicidade contenha uma grande ideia, ela passará como um navio durante a noite."
— *David Ogilvy*

A "Proposta Única de Vendas" teve início na Nova York dos anos 1960. O autor desse conceito foi Rosser Reeves, o homem que inspirou a criação do personagem Don Draper, na série Mad Men, e que na vida real foi *chairman* da Ted Bates Agency (ele fecha as páginas deste livro).

Reeves defendia a ideia de que as marcas precisavam simplificar as mensagens, comunicando um único e imbatível diferencial. Como bom publicitário, ele nomeou sua teoria com um nome simples, memorável e persuasivo: "Unique Selling Proposition". Em português, o termo ficou mais conhecido como: "Proposta Única de Vendas", ou simplesmente, "P.U.V".

Gosto de dizer que P.U.V é uma ideia diferenciada, positiva e atrativa, que coloca um produto, empresa e marca de uma forma distinta na mente e no coração de seus clientes e consumidores. Em última instância, é a "razão de ser" que consumidores atribuem para escolher sua solução e não a do concorrente.

A definição de uma "Proposta Única de Vendas" é fundamental para guiar toda sua comunicação e obter o máximo de resultados no marketing e nas vendas. Todas as empresas, todos os negócios, devem conseguir diferenciar-se claramente dos seus concorrentes diretos. Daí a importância da P.U.V.

Um detalhe: esta diferenciação pode ser mais ou menos duradoura, mas não é eterna. Mais cedo ou mais tarde, os concorrentes conseguirão copiar os elementos diferenciadores ou o mercado-alvo irá evoluir e deixará de valorizar sua diferenciação. Por isso, o esforço de diferenciação tem que ser contínuo.

E que fique claro que o P.U.V deve resolver um problema real do consumidor; aliviar o medo que o consumidor possa ter e oferecer razões mensuráveis e convincentes para agir. Isso vai na contramão do que alguns equivocadamente acham do que se trata. Um P.U.V não é sobre quantos anos você tem no mercado (isso não faz diferença para o cliente); não é uma promessa confusa ou genérica (exemplo: satisfação garantida, nós cuidamos dos nossos clientes) e não é focada apenas na sua empresa (o foco deve ser o cliente, sempre).

Algumas perguntas ajudam a encontrar seu P.U.V:

- Qual é sua proposta única de vendas?
- O que te diferencia dos concorrentes?
- Por que as pessoas devem escolher você e não os outros?
- O que te faz único e desejável?

E um passo a passo com 5 etapas:

- Passo 1 – Conheça bem sua concorrência.
- Passo 2 – Conheça bem o seu público-alvo.
- Passo 3 – Seja claro e específico.

- Passo 4 – Busque ser excepcional.
- Passo 5 – Crie algo que faça seu cliente-alvo desejar o que você faz.

Um exercício que pode ajudar:

Monte vários pequenos textos sobre sua proposta única de valor que possam ser lidos em menos de 20 segundos. Otimize sua P.U.V, ou seja, tente tirar tudo que não é necessário. A proposta não deve explicar tudo, você pode "deixar coisas no ar". Com uma versão "enxuta" em mãos, envie sua oferta de acordo com o texto da sua P.U.V. Veja como as pessoas reagem.

Tem outro exercício legal que faz ponte com esse: imagine-se andando por uma grande avenida comercial procurando por uma oferta como a sua. Nessa avenida não é possível ver o que há dentro dos comércios e não há placas com propagandas. A única coisa que todas lojas têm é um texto resumido na porta de entrada. Pergunte-se: qual é o texto que me convenceria a entrar por uma porta?

Algumas propostas de valor de empresas famosas:

SoundCloud: "Ouça o som do mundo. Experimente as melhores tendências de áudio e música".

Facebook: O Facebook lhe proporciona uma maneira de manter contato com seus amigos, fazer upload de um número ilimitado de fotos, compartilhar links e vídeos, e aprender mais sobre as pessoas que você conhece.

Twitter: O Twitter é uma rede de informação em tempo real que conecta você às últimas histórias, ideias, opiniões e notícias sobre o que há de mais interessante.

YouTube: O YouTube permite que milhares de milhões de pessoas descubram, vejam e partilhem vídeos originais. O YouTube prové um fórum para que as pessoas se conectem, se informem, e inspirem outras ao redor do globo (...).

Pensar num P.U.V ajudará você a escrever melhores comunicações (depois leia a seção final "Reeves, feche a cortina"). Aliás, o P.U.V é uma excelente introdução para...

A GRANDE IDEIA

Ainda considerando as premissas de um copywriting, temos o conceito de *big idea;* "grande ideia", em português. Vamos pegar na raiz: o termo "ideia" pode ser entendido como "conceito" ou, num sentido mais amplo, como expressão que traz implícita uma presença de "intencionalidade". A palavra deriva do grego *idea* ou *eidea*, cuja raiz etimológica é *eidos*, relativo à imagem. Entendemos então que quando tenho uma ideia estou conceituando algo ou criando a representação de algo concreto. Com base nisso, fica mais fácil compreender a *big idea*, usada para nortear o copywriting.

Gary Halbert certa vez foi contratado para escrever copy para o Perfume Tova. "Reza a lenda" que a grande ideia em torno do produto foi tão poderosa que, na ocasião de lançamento do produto, clientes foram impedidos de entrar para comprar porque os bombeiros não permitiram. Qual foi a grande ideia?

> "Esposa de Astro da TV Jura Que O Perfume Dela Não Possui Nenhuma Substância Ativadora Sexual Ilícita"

Resultado: Eles conseguiram um volume absurdo de clientes e muita mídia espontânea. A empresa saiu de US$ 40 mil de faturamento mensal para US$ 800 mil.

A *big idea* é o conceito central que torna sua comunicação poderosa e extremamente atrativa e persuasiva. Ela surge através de uma concepção única que desperta no público emoções capazes de fazê-lo desejar o que está sendo ofertado. Segundo David Ogilvy, é preciso uma grande ideia para atrair a atenção do consumidor e levá-lo a comprar o seu produto.

Quando estiver planejando seu copywriting, procure compreender qual é a grande ideia por trás de sua solução. O que a torna única? O que nela faz despertar o desejo real? Qual o conceito envolvido que fará com que as pessoas decidam tomar uma decisão?

Como destaquei, quando escrevo um copy, passo muito tempo estudando o mercado, conhecendo o público e escrevendo o título usando o modelo das "7 premissas". Depois de fazer isso, o outro aspecto em que invisto muito tempo é no desenvolvimento da *big idea*, que faz ponte com o que acabei de falar, o P.U.V. Gaste algum tempo nisso e você terá um copywriting que realmente diferencia o produto dos concorrentes.

A *big idea* é uma ferramenta de publicidade vinculada à experiência que as pessoas têm ao usar o produto. Às vezes, está diretamente ligada à oferta. Às vezes não. De qualquer forma, é algo único que faz com que o produto se destaque. Isso influencia todas as outras partes do copy, incluindo a oferta, o título, o tom usado na comunicação e até mesmo o tipo de estrutura. Uma vez que você tenha uma grande ideia, escrever a headline se torna fácil (muitas vezes incorpora a grande ideia), do mesmo modo, o restante do texto.

Aqui está um belo exemplo de grande ideia: uma *startup* do setor de remédios naturais tinha um produto de dieta que queria lançar. Seu orçamento de publicidade era bastante limitado, então, em vez de gastar o que eles tinham em publicidade comercial, eles fizeram algo "fora da caixa". Eles criaram o "Desafio Fat Blaster", onde doaram dinheiro para as pessoas que perderam a maior quantidade de peso em 1 ano. Esta promoção recebeu uma avalanche de notícia, um grande número de participantes e foi tão bem-sucedida que os levou a empresa em dificuldades a ser uma grande participante no mercado de remédios naturais.

Outro caso: cerca de um ano depois de Mark Ford começar a escrever o boletim informativo ETR, ele percebeu uma coisa. Todos os artigos que obtiveram as maiores notas de seus leitores cobriram apenas uma ideia. Aqueles artigos que cobriram mais de um tópico nunca pontuaram bem. Ele percebeu que os leitores estavam procurando por uma única sugestão útil ou ideia única que pudesse torná-los mais bem-sucedidos.

A REGRA DE UM

Depois de perceber isso, Mark formulou "A Regra De Um", defendendo que para ter sucesso ao criar promoções – assim como em todos os esforços persuasivos – a mensagem deve ter:

- Uma e apenas uma grande ideia.
- Uma emoção central.
- Um único benefício desejável.

É uma regra simples. Mas, como acontece com muitas ideias "simples", elas contêm muita profundidade. Vamos começar com a primeira parte.

Vamos supor que você está escrevendo um copy para uma cápsula de emagrecimento que elimina a gordura, alivia a dor nas articulações e aumenta a energia. Um produto bastante notável, certo? Então, é tentador tentar convencer as pessoas através de uma perspectiva com os amplos benefícios do produto.

Não faça isso. Não. Se você fizer, acabará diluindo o poder do copy. Os leitores que não têm problemas com o açúcar no sangue, por exemplo, vão querer pular essa parte. E isso pode os fazer parar de prestar a atenção em todo o resto.

Sem contar que para cobrir todos os benefícios, você terá que montar toneladas de evidências para apoiar suas reivindicações. O copy dará muito trabalho para você escrever. E pior, é muita coisa para o seu leitor absorver. Na seção de premissas, aconselhei listar as diferentes características e benefícios do produto, mas de fato, direcionar os holofotes para o maior benefício é mais eficiente.

UMA EMOÇÃO CENTRAL

Os programas da AWAI ensinam que seu cliente tem muitas emoções. Você não deveria tentar acertar o máximo possível quando estiver escrevendo para ele? Pois é, a tendência é que pensemos que sim, mas assim como a ideia central, uma emoção central deve reger seu copy.

Ao enfrentar uma determinada situação desagradável, você experimenta mais de uma emoção. Você pode estar com raiva, triste e frustrado ao mesmo tempo. No entanto, uma emoção domina.

Como você se sente com uma forte crise de ansiedade? Desorientado? Fora de controle? Frustrado? Paralisado? Se eu estivesse trabalhando num projeto de copy para pessoas com crise de ansiedade, procuraria saber qual dessas emoções está dominando o cliente em potencial.

UM ÚNICO BENEFÍCIO DESEJÁVEL

Você precisa fazer com que o seu leitor fique empolgado com o maior benefício que seu produto traz para sua vida com base na única ideia em que você está se concentrando. Logo na primeira parte do copy, você precisa fazer com que ele seja capaz de ver e sentir esse benefício.

Para um suplemento vitamínico, por exemplo, sua grande promessa pode ser o alívio da dor nas articulações. Portanto, o seu benefício desejável é fazer atividades diárias com mais facilidade e sem dor.

Mais tarde, você poderia dizer algo como: "Agora que suas articulações estão se sentindo jovens mais uma vez, você pode voltar a tricotar para seus netos… ou jogar futebol com amigos mais jovens." Observe como os benefícios são realmente extensões do benefício principal e direcionado.

Com a "Regra de Um" de Mark Ford, sua escrita será mais clara. A resposta a isso será uma retenção e desejos maiores na leitura do copy. E o seu trabalho será mais fácil e rápido.

INSIGHT

Como você obtém aquele brilhante lampejo de percepção que permite descobrir o melhor ângulo para vender seu produto? Na maior parte do tempo, quando nos sentamos para descobrir a *big idea*, isso é tudo menos uma experiência mágica. Parece mais como se fôssemos burros de carga, carregando cargas pesadas nas costas, nos arrastando por uma trilha num morro íngreme.

Mas de vez em quando – quando as portas da percepção são abertas – nós experimentamos um dia em que sentimos como se estivéssemos alcançando o céu e colocando nossa mão num raio de criatividade que está fluindo das nuvens.

Você sente que pode se conectar e deixar as ideias fluírem de suas mãos para o Word. Esses são os dias realmente ímpares. E para fazer um copywriting bem-sucedido – para descobrir um conceito perfeito para o produto que você está oferecendo – você precisa de mais desses dias espetaculares. Então, quando você está tentando descobrir a *big idea*, como obter um insight?

O primeiro passo para descobrir o melhor ângulo para vender seu produto é estudar sempre e exaustivamente o tópico. Leve sua pesquisa a sério e aprenda tudo o que puder sobre o assunto. Nos meus planejamentos, faço essas pesquisas na parte de "Contexto", explicado na seção das 7 premissas.

Quando você sentir que terminou sua pesquisa, escreva algumas possíveis grandes ideias. Se você está se sentindo ambicioso, escreva um esboço básico, talvez na forma de um manifesto de como você vai quebrar o padrão. Se a inspiração ainda não vier, anote algumas ideias gerais – ou algumas ideias sobre o seu mercado-alvo – e como elas poderiam se beneficiar do produto. Em seguida, dê a si mesmo espaço para ter um lampejo de *insight*. E aqui vai uma sugestão para você avançar mais...

Deixe de lado suas anotações e faça algo divertido. Ande com o cachorro, brinque com seu filho, assista a um filme na Netflix, tome um café ou vá pedalar. Não pense no seu projeto, nem no prazo, nem nada relacionado ao copy. Nossos cérebros ainda estão trabalhando, mesmo quando estamos fazendo uma pausa e fazendo algo completamente desvinculado. Um período de afastamento distancia você do seu trabalho, e permite que você faça conexões que seriam impossíveis se você estivesse apenas olhando suas anotações. Um lampejo criativo provavelmente chegará no intervalo.

MAIS

David Ogilvy usava um pequeno checklist que pode ajudar você a encontrar uma grande ideia para seu copy:

1. Me fez perder o fôlego quando vi a primeira vez?
2. Eu queria ter tido essa ideia?
3. É única?
4. É uma estratégia que combina com perfeição?
5. Pode ser usada por 30 anos?

No demais...

Uma grande ideia é importante. Quero dizer importante para o cliente, não para o copywriter (e relevante para o produto que está sendo vendido).

Uma grande ideia é excitante. Você não vai excitar o seu cliente repetindo as previsões ou promessas que o resto do mercado está publicando.

Eles já foram expostos a essas ideias. Para provocar uma excitação real, você precisa ir além do lugar comum. Você precisa encontrar um novo ângulo que faça seu cliente se sentar e prestar atenção.

Uma grande ideia é benéfica. A excitação criada deve beneficiar o cliente. Em outras palavras, deve fazer o cliente querer comprar o produto que está sendo vendido.

Uma grande ideia leva a uma conclusão inevitável. A grande ideia deve conter alguma lógica interna que seja fundamentalmente simples. Deve ser fácil de entender e ver como o produto que você está vendendo resolve um problema específico ou cumpre uma promessa declarada. As melhores ideias se ligam a algo que torna o produto único. Assim que o cliente ouve a ideia, ele começa a sentir a necessidade do produto, mesmo antes de ser mencionado no copy.

Uma grande ideia pode ser arriscada. E tirar o dono do produto da sua zona de conforto (se ele permitir). É único, pouco ortodoxo, e fica "sob a pele" do público-alvo.

Uma grande ideia é como a descrição do Apocalipse feita por Jesus. "Virá como um ladrão na noite" quando as pessoas menos esperarem. De fato, muitos serão pegos sem pijamas. Da mesma forma, grandes ideias entram na mente do cliente em potencial.

Uma grande ideia é crível, credível. Na extenuante busca de descobrir uma grande ideia, você poderia facilmente desviar-se do caminho da realidade, minando a promoção e erodindo a confiança. Em vez disso, os leitores devem ter um momento de: "Isso é verdade!" "Eu sempre soube disso!" "É melhor eu contar ao Mário sobre isso.".

Uma grande ideia é...bem, acho que você já pegou a ideia aqui.

A PERSONA

"A voz que ouvimos todos os dias, em todas as reuniões, é a voz da empresa. Não ouvimos os clientes. Se você quer saber como impulsionar seu conteúdo, pergunte aos seus clientes."

— *Adele Revella*

Agora vamos destrinchar um pouco mais o assunto "persona"...
É claro que é possível vender sem ter uma persona definida, mas se você defini-la antes de partir para o ataque, poderá ser certeiro com suas comunicações, tornando seu copywriting mais assertivo e poderoso. Mas preciso alertar sobre uma coisa: definir uma persona que te possibilite estourar de vender não é uma tarefa simples.

As empresas que têm sucesso em vendas costumam contratar um profissional especializado em estudar e definir personas, o que pode economizar muito tempo e aumentar os resultados em vários indicadores.

Mas afinal, o que é uma persona?

O nome completo é "buyer persona", "customer persona" ou "avatar". Mas vamos focar no nome mais simples e popular: "persona". Podemos dizer que persona é basicamente uma representação ideal de um cliente, que ajuda a revelar perfis psicológicos e emocionais que você deve abordar na sua comunicação.

A persona deve funcionar como uma "amiga" das suas estratégias de copywriting. Ela deve ter um nome e uma história, ter sentimentos e objetivos de vida, como um personagem de um filme. É exatamente isso: trate essa estratégia da mesma maneira que os diretores e roteiristas tratam seus protagonistas. Mais à frente retornamos com este assunto, mas antes é importante que você saiba:

É a persona que vai definir quais são os parâmetros fundamentais da linguagem persuasiva com o seu público.

Isso porque ela simula o cliente, buscando humanizá-lo ao máximo. Reflete sobre seus gostos e preferências, como é seu cotidiano, como ele se comporta, o que ouve, vê e quais são seus sentimentos predominantes sobre a realidade.

Em suma, as personas são arquétipos que revelam como pensa o cliente que vai comprar de você, permitindo elaborar estratégias de marketing mais certeiras. Sabendo quem irá comprar de você, fica mais fácil fazer com que o texto "converse" com o cliente e o convença da compra. Mas de quantas personas você precisa para acertar em cheio na estratégia?

Quantas personas precisamos desenvolver? Depende de quantas maneiras você é capaz de alcançar o mercado e de quantas formas você precisa para atingir isso, revela Adele Revella, presidente do Buyer Personas Institute.

É interessante criar mais de uma persona, principalmente se você costuma trabalhar com vários produtos, serviços ou diferentes públicos. Mas recomendo que você não utilize mais do que 5; aliás, na minha opinião, o ideal são 3. Desta maneira, você acaba focando o seu conteúdo em quem realmente interessa, evitando gastar tempo e recursos com uma parcela pequena de compradores.

É importante que, assim como no filme existem os personagens principais, os protagonistas, você tenha as personas (que são os que realmente têm potencial para virar clientes, são estes que você deseja atingir com o conteúdo).

São os personagens principais de um filme que fazem o papel de se conectar com os espectadores e, por meio das histórias, os fazem se identificar com o sonho ou com a dor deles. Da mesma maneira, a sua persona precisa ter conexão com o seu público. Dentro do seu público-alvo, você pode tirar essas personas e conseguir atingir consumidores mais específicos e qualificados para a compra; e é dessa forma que você consegue segmentar seu copy.

Persona definida

Nome: Marta Gimenes dos Santos

Idade: 36 anos

Profissão: administradora.

Salário: R$ 2.758

Família: Marta é casada há 5 anos com o supervisor de solda Júlio e tem uma filha de 2 anos, a Camila.

Sobre a personalidade e o dia a dia de Marta:

Tranquila, decidida, tolerante. Releva bastante as coisas, mas quando tem que ser firme, não hesita em ser. Tem uma boa relação com o marido, às vezes se chateia com ele, mas como não costuma guardar raiva, está sempre bem.

Marta é apaixonada por sua filha e faria de tudo para vê-la bem. Às vezes fica ansiosa para chegar no fim de semana e poder passar mais tempo com a pequena.

Marta não é desleixada consigo mesma, mas sente que deveria se cuidar mais. Ela vai ao dentista de 3 em 3 meses e ao médico, de 6 em 6. Seu nível de vaidade é médio. Ela gosta de andar bonita e bem arrumada. Valoriza seu corpo e mantém uma dieta razoavelmente saudável.

Sobre a atividade profissional:

Marta é administradora de uma clínica de exames médicos, a Biotech Exames Clínicos. Está lá há 2 anos e meio. Trabalha de segunda a sexta em horário comercial, de 9h às 18h. E sábado até às 13h. Mas sempre fica depois do horário para agilizar tarefas e resolver questões referentes ao trabalho.

Sobre o joanete:

- Aquele osso saltado na lateral do pé que incomoda.
- Marta vem sofrendo com o joanete há algum tempo. Sente desconforto constante e, em dias esporádicos, sente dores.
- Como é vaidosa, usa sempre calçados fechados quando vai trabalhar ou sair com o marido e a filha.
- Ela sente falta de usar calçados abertos, principalmente nos fins de semana, mas a vergonha do pé torto a faz desistir de usar rasteirinhas ou melissas.
- Ela não gosta de mostrar o pé nem para o esposo em casa, mas isso se torna inevitável.
- Marta não gosta da ideia de fazer cirurgia. Apesar do incômodo, vergonha e dor, ela não cogita se submeter a uma operação.
- A mãe de Marta, Gilza, de 52 anos, também sofre disso.

Nível de consciência sobre o problema:

Levemente informada. Andou lendo artigos sobre o problema, já se consultou com o médico e já apostou numa injeção para aliviar a dor, que não resolveu.

Algumas falas de Marta sobre o problema:

"Estou com joanete incomodando há alguns anos. Já fiz infiltração, injetando um medicamento diretamente na área que dói, e não resolveu."

"Não gosto da ideia de operar o pé. Apesar de feio, cogito uma alternativa. Um modelador, quem sabe, ou algum calçado ortopédico".

"Eu e minha mãe sofremos muito e nenhum calçado fica bom. Incomoda muito!"

"Está cada vez mais saliente e doendo mais."

"Vi um caso de uma moça que fez cirurgia e anos depois o osso cresceu novamente."

"Não aguento mais isso, não consigo nem usar um salto nem nada".

"Tenho vergonha desse osso torto. Parece até que é outro dedo".

"Quando vou fazer unha, fico com vergonha"

> **Sobre os hábitos de compra de Marta:**
>
> - Marta não é descontrolada com consumo, mas também não é pão-duro. Quando tem vontade de comprar algo, ou quando precisa, não hesita em adquirir.
> - Compra em shopping, em lojas e já comprou algumas vezes pela internet. Numa delas teve problema com a entrega, o que a fez ficar mais resistente com compras online.
> - Marta tem cartão de crédito Mastercard com limite de R$ 1.300,00.
> - Usa o bankline para quase tudo e paga muitas coisas à vista.

COMO CONSTRUIR SUA PERSONA

Se você já entendeu as definições e quer logo construir as suas personas, aqui vão algumas dicas rápidas:

NÃO SE BASEIE EM PALPITES

Se você já trabalhou com vendas físicas, deve ter percebido que muitas delas acontecem com as pessoas que você menos espera. Isso ensina uma grande lição: nem tudo o que parece, é. Em outras palavras, você pode acabar definindo a sua persona pelo palpite ou por quem você acha que tem maior chance de compra, mas na verdade o seu potencial cliente pode estar em direção oposta a que você está indo.

USE DADOS DO GOOGLE ANALYTICS

Para não se basear em achismos, você pode usar a ferramenta Google Analytics. Nela, você consegue identificar como o público pesquisou e chegou ao seu site. Ou seja, você consegue mensurar os resultados dos seus conteúdos, sabendo exatamente de onde as visitas estão vindo (se foi do e-mail marketing, tráfego orgânico, SEO, tráfego pago (anúncios), redes sociais *et cetera)*. Mas apesar da ferramenta ser importante para mensurar os resultados dos seus conteúdos, aconselho que você utilize a próxima dica para definir uma persona...

CONVERSE COM O PÚBLICO

Se você quer saber como impulsionar seus resultados, pergunte aos seus clientes. A melhor maneira de saber o que uma pessoa pensa é se comunicando com ela. E você também pode fazer isso. Por meio dos clientes que você já tem, fica mais fácil coletar informações com os padrões de comportamentos e perfis da sua persona, como faixa etária, salário, hobbies, sonhos, problemas, gêneros etc. Aliás, o modelo acima criado pode ajudar você. Existem algumas técnicas que você pode aplicar para conseguir construir personas fiéis à realidade e que sejam úteis para o seu marketing.

CONTE COM UM ESPECIALISTA

Faz parte de uma boa estratégia de conteúdo contar com a elaboração da persona, pelos vários motivos que você já viu aqui. Se você já contratou um profissional de marketing ou mesmo de copywriting, converse com ele para que vocês elaborem as personas juntos. Você pode entrar com o seu conhecimento e ele com o conhecimento técnico. Desta maneira, você garante fazer algo realmente relevante, que melhore seus resultados a partir de hoje.

Origem da persona

Apesar de ser um conceito amplamente empregado em estratégias de marketing, nos nichos de mercado mais diversos, a persona surgiu no contexto de criação de tecnologia. Aliás, a área de tecnologia é mestra na arte de estudar personas. As novidades lançadas no mercado sempre são minuciosamente estudadas para priorizar a experiência de seus usuários. A Apple é um grande exemplo, e vamos tratar disso mais adiante.

A primeira vez que o conceito foi utilizado, mais precisamente como *Buyer Persona*, foi com o empresário Alan Cooper, em 1983. Ele foi contratado para desenvolver um software de gestão de projetos para uma outra empresa. E este foi o grande desafio: para entender como programar o código desse software, era necessário que os desenvolvedores entendessem para que tipo de usuário eles estavam programando.

A ideia que Alan Cooper teve foi estudar os clientes mais importantes daquela empresa, além de entrevistar colegas que poderiam ter o perfil dos usuários do futuro software. Dessa forma, ele conseguiu personificar um usuário fictício, chamada Kathy, baseado em todas as informações obtidas por esse processo. A persona Kathy ficou muito próxima aos hábitos reais dos clientes.

E foi assim que ele conseguiu com que os programadores, que jamais teriam contato com os clientes, conseguissem se colocar no lugar do usuário para obter um software de boa usabilidade.

A experiência com o conceito de persona foi um sucesso. Tanto que Cooper acabou replicando a estratégia em outras experiências. Até que em 1998, através de seu livro publicado com o título de "Os loucos estão controlando o sanatório", Alan Cooper usou oficialmente o termo "persona".

No caso, ele diferencia *Buyer Persona*, que representa o futuro cliente que ainda não fez uma compra, e User Persona, que é o cliente que já passou pela experiência de compra.

O PAPEL DA PERSONA NA CONSTRUÇÃO DE UM COPY

O exercício de definir uma persona deve considerar detalhes psicológicos e emocionais. E eles devem ser suficientes para que você se coloque no lugar da persona e entenda qual é a perspectiva dela sobre o que você tem a oferecer.

Além disso, é dessa maneira que você vai mostrar como as suas ofertas podem ajudá-la a resolver seus próprios problemas. Entendendo melhor a sua persona, você pode compreender detalhes valiosos sobre que tipo de comunicação prende mais a atenção dos seus potenciais clientes e de seus clientes já consolidados.

A persona define sobre o que e como você vai falar. Dominando a linguagem que sua persona costuma utilizar nas relações do dia a dia e tocando nos assuntos que lhe chamam a atenção, você conseguirá ser mais sugestivo e guiá-la até a decisão.

Além disso, a persona indica também quais são os hábitos de consumo de informação de seus possíveis clientes. Isso vai te nortear sobre os melhores termos para se usar, assim como os fatores psicológicos que mais lhes impactam.

PARA ENTENDER MELHOR, IMAGINE VOCÊ NUM ELEVADOR EM 3 SITUAÇÕES DIFERENTES:

1. Com um desconhecido. Fica um clima frio, sem muito espaço para conversa...
2. Quando você está com alguém conhecido, mas ainda não tem muita intimidade. O gelo não é tão grande, acontece alguma conversa, mas sempre muito superficial.
3. Já quando você está no elevador só com um amigo íntimo. A conversa flui naturalmente.

É para acontecer a 3ª situação que serve a persona; para você entender seu cliente tão bem como conheceria um amigo. Inclusive, nós compramos mais facilmente de quem conhecemos. E nada melhor que comprar de um amigo. Portanto, grave isso: a principal função da persona é desenhar a perspectiva do seu cliente para que você consiga ajustar a sua comunicação da forma mais envolvente possível.

Você já leu algum artigo ou assistiu a um vídeo e teve a sensação de que aquilo foi produzido diretamente para você? Então, a empresa que produziu o conteúdo acertou em cheio na estratégia de persona. Quando você tem a sua persona no papel, fica literalmente mais fácil vender, porque você se comunica diretamente com ela. Lembre-se sempre que as pessoas decidem suas compras predominantemente pela emoção. E nada emociona mais uma pessoa quanto ser compreendida por alguém.

Ter um bom conhecimento de sua persona permite que você supere a distância que existe entre o vendedor e o cliente que está do outro lado do balcão, ouvindo como ele ouve e pensando como ele pensa. Conversando adequadamente com a persona, a venda deixa de ser um incômodo, e passa a ser uma relação amistosa de interesses em comum.

Com a persona definida, você pode produzir um texto bem segmentado, sob medida para um usuário muito específico. Dessa maneira, seu copy se torna muito mais relevante para ele.

O VENDEDOR DE ALGODÃO DOCE

Conheci um vendedor de algodão doce certa vez na porta de uma escola. Percebi que ele tinha uma clientela que sempre comprava com ele. Curioso, um dia puxei conversa para saber como ele vendia seus produtos. Ele me contou que vendia muito bem ali, só nos horários de entrada e saída dos alunos. Ali já conhecia todo mundo e as pessoas o conheciam também. Mas disse que antes as coisas eram mais difíceis.

Contou que ficava vendendo numa praça pública, no centro da cidade. Passava 10 horas perambulando pela praça e gritando para chamar a atenção das pessoas. Ao final do dia, estava exausto e sem voz. Certo dia ele reparou que, numa loja de brinquedos ali daquela mesma praça, havia um personagem que chamava a atenção de toda criança que por ali passava. Então ele acabou descobrindo o nome daquele personagem, e que o mesmo estava na moda entre a criançada.

Decidiu então comprar algumas máscaras de papel daquele mesmo personagem, bem baratinhas, para dar de brinde para os filhos de quem comprasse o algodão doce. Aumentou também o preço de venda do seu produto para cobrir o custo da máscara e aumentar um pouco a margem de lucro. Ele pensou que ao invés de vender para "todo mundo", no meio da praça, iria até locais onde houvesse muitas pessoas com seus filhos. Foi aí que decidiu ir até a porta de escolas, no horário de entrada e saída de alunos.

E depois dessa mudança, o vendedor estava muito contente com o volume de vendas. Agora vendia duas vezes mais, em 4 horas de trabalho, do que vendia antes em 10 horas na praça. Ele vende por um valor maior e não precisa ficar aos berros; agora são os interessados que procuram o vendedor, e não o contrário. E eu, depois dessa conversa, fui embora impressionado.

Entendendo o que o público consumidor dele gostava, onde frequentava e quais horários de pico, o vendedor tornou seu trabalho muito mais eficiente e lucrativo. Este é um vendedor que sabe trabalhar com a sua persona e usar a emoção para conquistar mais e mais compradores.

MAIS DOIS CASES PARA VOCÊ SE INSPIRAR

Acredito que você já tenha captado a essência da construção de personas, e que já tenha se conscientizado que isso é muito importante para o trabalho com o copywriting. Certo, agora vou falar de alguns cases que vão inspirá-lo.

1. APPLEMANÍACOS

A Apple é uma empresa que não tem clientes, mas sim fãs. São os "applemaníacos". É por isso que conseguem cobrar um preço alto por tecnologia com concorrência muito semelhante no mercado. Tudo o que a empresa desenvolve é sempre priorizando a experiência do futuro usuário. O maior critério deles: "As decisões que não contemplam a satisfação do usuário provavelmente estarão erradas".

É cultura da empresa deixar uma cadeira vazia nas reuniões de diretores. Essa cadeira representa o consumidor, ou seja, a persona deles. Tudo o que é decidido nessas reuniões passa pelo crivo do "amigo imaginário". Esse é um belo exemplo de como conhecer bem sua persona pode gerar resultados indiscutíveis.

Eu mesmo já pratiquei essa "loucura" na hora de planejar copywriting. Coloquei a cadeira vazia do meu lado e fiquei tentando imaginar o que a persona me diria sobre o que estava escrevendo. Parece uma atitude "pirada", mas experimente fazer isso. Você acaba refletindo e tendo percepções mais assertivas quanto ao que o cliente busca.

2. A SEGUNDA CASA

Sabe por que as cafeterias Starbucks conseguem vender um café mais caro que os seus concorrentes e mesmo assim sempre estão lotadas? Simples: lá as pessoas se sentem em casa. O conceito da empresa é ser um terceiro local de permanência, além da casa e do trabalho de seus consumidores.

Lá as pessoas são atendidas pelos seus nomes, sentam em sofás confortáveis e podem usar wi-fi gratuito. Caso um cliente derrube sua bebida no chão, ele ganha uma nova. Os clientes mais frequentadores ganham bebidas gratuitas.

Starbucks é amplamente conhecida pelo seu atendimento exemplar. Seus principais dirigentes dizem que não estão no ramo de cafeterias para atender pessoas, mas sim no ramo de pessoas servindo café (e mais um monte de delícias).

A Starbucks sabe usar a emoção para gerar conexão com seu público. Tem um algo a mais. A experiência é valorizada. Todo o processo de contato com a marca precisa ser trabalhado, oferecendo uma experiência única e memorável para cada pessoa.

O MODELO AIDA

> "Atrair atenção, manter o interesse, criar o desejo".
> — E. St. Elmo Lewis

Os produtores do famoso filme "A Bruxa de Blair" utilizaram uma estratégia de marketing muito eficiente. Antes de projetarem o filme, eles criaram um site que oferecia dicas interessantes sobre a obra. Quem acessava se deparava com os "trechos encontrados do filme", fragmentos que deixavam as pessoas em dúvida e com a curiosidade se a história era real ou fictícia.

O endereço na web continuou gerando resultados conforme era mais acessado e recebia mais arquivos em texto, áudio e vídeo. "A Bruxa de Blair" começou a se tornar um mito e despertou o desejo maior nas pessoas que queriam a todo custo ver o filme.

Interessante é que quem desejasse assisti-lo, precisava garantir os ingressos com bastante antecedência. A produção custou US$ 35 mil, mas gerou receitas de US$ 280 milhões em todo mundo. Isso só foi possível por causa do Modelo AIDA.

No cinema, esse modelo é usado com bastante eficácia. As grandes produtoras geralmente iniciam suas campanhas de marketing muitos meses antes do lançamento do filme. Utilizam-se *outdoors*, *trailers* e *teasers* curtos para chamar a atenção e provocar o interesse do público.

O desejo é instigado com o lançamento do trailer completo, que é sempre bem preparado (em muito casos, mais impactante que o próprio filme) e instiga as pessoas ao mostrar pontos principais da trama, efeitos especiais, explosões e cenas decisivas. Na semana de lançamento, propagandas em rádio, tevê e internet convidam o consumidor a ir comprar os ingressos e assistir o filme...

Atenção, Interesse, Desejo e Ação. Esses são os termos por trás do acrônimo AIDA, considerado um dos maiores fundamentos do marketing e da prática da propaganda. Esse modelo descreve as etapas básicas que podem ser usadas para persuadir clientes em potencial.

Sites e blogs tratam sobre o tema, e algumas pessoas até pensam que a técnica surgiu no contexto digital, mas o modelo AIDA é um dos mais antigos modelos usados em publicidade, tendo sido desenvolvido no final do século XIX. Ainda na parte de "estrutura", este modelo pode ser muito eficiente, norteando, ou até mesmo inspirando outras estruturas.

Desde a sua primeira aparição na literatura de marketing e publicidade, o modelo AIDA foi modificado e ampliado para dar conta do advento de novas mídias de publicidade e plataformas de comunicação. Vários modelos alternativos modificados estão em uso atual. Durante os últimos 100 anos, o modelo sofreu muitos refinamentos e extensões, de tal forma que hoje existem muitas variantes em circulação. Assim, o modelo AIDA simples é agora um de uma classe de modelos, coletivamente conhecidos como modelos hierárquicos ou hierarquia de modelos de efeitos.

O termo AIDA e sua abordagem geral são comumente atribuídos a E. St. Elmo Lewis que, em um de seus artigos sobre publicidade, em 1898, postulou pelo menos três princípios aos quais um anúncio deveria obedecer:

> "A missão de um anúncio é atrair um leitor, de modo que ele vai olhar para o anúncio e começar a lê-lo; em seguida, vai se interessar por ele e vai continuar a lê-lo; depois, para convencê-lo (desejo), de modo que quando ele ler, ele vai acreditar. Se um anúncio publicitário contém estas três qualidades de sucesso, é um anúncio publicitário bem-sucedido."

Philip Kotler cita o livro "The Psychology of Selling and Advertising" (A Psicologia da Venda e Publicidade), de 1925, escrito pelo psicólogo Edward Strong como o material de origem para a AIDA. Mas Lewis já utilizava o método antes, criando até um slogan: "Atrair atenção, manter o interesse, criar o desejo". O termo "agir" foi incluído mais tarde.

De acordo com F.G. Coolsen, "Lewis desenvolveu sua discussão sobre os princípios do copywriting na fórmula, mostrando que um bom copy deve atrair atenção, despertar interesse e criar convicção".

A importância de atrair a atenção do leitor como o primeiro passo para a escrita de copy foi reconhecida no início da literatura de publicidade, como mostra o "Handbook for Advertisers" e o "Guide to Advertising":

> "As primeiras palavras são sempre impressas em maiúsculas, para chamar a atenção, e é importante que sejam aquelas que provavelmente prenderão a atenção daqueles a quem são dirigidas, e os induzirão a ler mais".

Um precursor de Lewis, Joseph Addison Richards, foi um agente de propaganda da cidade de Nova York que sucedeu seu pai na direção de uma das agências de publicidade mais antigas dos Estados Unidos. Em 1893, Richards escreveu um anúncio para seu negócio contendo todas as etapas do modelo AIDA, mas sem ordenar hierarquicamente os elementos individuais:

> "Como atrair a atenção para o que é dito em seu anúncio; como segurá-lo até que a notícia seja contada; como inspirar confiança na verdade do que você está dizendo; como aguçar o apetite por mais informações; como fazer essa informação reforçar a primeira impressão e levar a uma compra."

Entre dezembro de 1899 e fevereiro de 1900, a Bissell Carpet Sweeper Company organizou um concurso para a melhor propaganda escrita. Fred Macey, presidente da Fred Macey Co., em Grand Rapids (Michigan), considerado um especialista em propaganda na época, recebeu a tarefa de examinar os envios. Ao chegar a uma decisão, ele considerou analisar cada anúncio com os seguintes critérios: 1º. O anúncio deve receber "Atenção", 2º. Tendo atenção, deve criar "Interesse", 3º. Tendo o interesse do leitor deve criar "desejo", 4º. Ter criado o desejo de comprá-lo deve ajudar na "Decisão".

Uma maneira fácil de lembrar dessa fórmula é invocar a "lei da associação", muito eficiente para memorizar coisas. Quando você começa um copy, diga "AIDA" para si mesmo e sua mente acabará por associar o modelo, que servirá como estrutura para sua carta de vendas ou qualquer outro texto comercial que estiver escrevendo.

A utilidade do modelo AIDA é tão forte que não se limitou apenas aos textos publicitários. Os princípios básicos do modelo AIDA foram amplamente adotados por representantes de vendas que usaram as etapas para preparar apresentações de vendas eficazes após a publicação, em 1911, do livro de Arthur Sheldon, "Successful Selling". Para o modelo original, Sheldon acrescentou "satisfação" para enfatizar a importância de uma venda bem feita.

AIDA NA PRÁTICA

Os passos propostos pelo modelo AIDA são os seguintes:

- **Atenção.** O consumidor toma conhecimento de uma categoria, produto ou marca (geralmente por meio da publicidade).
- **Interesse.** O consumidor se interessa por aprender sobre os benefícios da marca e como a marca resolve suas necessidades ou se encaixa no estilo de vida.
- **Desejo.** O consumidor desenvolve uma disposição favorável sobre a marca/produto.
- **Ação.** O consumidor forma uma intenção de compra, faz um teste ou uma compra.

O traço comum no Modelo AIDA é que a comunicação opera como um estímulo (E) e a decisão de compra é uma resposta (R). Em outras palavras, o modelo AIDA é um modelo aplicado de estímulo-resposta.

Captar a atenção do cliente é o primeiro desafio, e isso pode ser alcançado pelo uso de um slogan atraente, uma headline poderosa (leia o capítulo dedicado a isso), uma promoção (desconto ou algo grátis) ou demonstrando como um problema pode ser solucionado.

Uma vez capturada a atenção, ela deve ser convertida em interesse genuíno. Para garantir isso, você deve sempre destacar bem as vantagens do produto em vez de simplesmente listar as características.

Muitos empreendedores e profissionais de marketing cometem o erro comum de falar de aspectos descritivos do produto, mas o que realmente gera interesse são os benefícios que estão sendo oferecidos.

Depoimentos e testemunhos podem ser usados para criar o desejo. Por isso os copywriters se valem muito da prova social em cartas de vendas, pois declarações reais de pessoas satisfeitas com o produto ou serviço servem como agente motivador e elemento de confiança para a pessoa decidir comprar.

Finalmente, a mensagem deve conter elementos que incentivem a compra. Num anúncio, isso pode ser um link direto, uma frase que sirva de call-to-action, um botão. A ideia é persuadir o receptor da mensagem a definitivamente adquirir o que está sendo promovido.

Veja cada parte explicada separadamente:

ATENÇÃO

A primeira etapa tem o objetivo de ganhar a atenção do visitante e fazê-lo perceber a oferta. Vou usar como exemplo a famosa carta de vendas escrita por David Ogilvy em 1959, para promover o Rolls-Royce.

Veja como ele chama a atenção do leitor através do título:

> "A 60 milhas por hora o barulho mais alto do novo Rolls-Royce vem do relógio elétrico"

Não sei você, mas se eu sou um homem adulto do final da década de 1950 e me deparo com um título desse numa página de jornal, eu imediatamente teria minha atenção despertada. Até hoje sinto um tremor no estômago ao ler a headline. Parece que ela evoca sentimentos de curiosidade, sofisticação e antecipa o desejo por um carro.

Tenho certeza que Ogilvy estudou bastante o público-alvo e o produto para criar essa comunicação. Aliás, isso é obrigação para quem deseja escrever copy. É essencial conhecer o público-leitor, estudar a persona e ter conhecimento sobre o que seu consumidor em potencial está buscando – além de conhecer cada especificação e vantagem que o produto oferece.

INTERESSE

Uma vez garantida a atenção, você precisa despertar o interesse ou intenção dos seus visitantes. Veja como Ogilvy fez isso no copy do Rolls-Royce logo na subheadline, ou seja, no subtítulo do anúncio:

> "O que faz do Rolls-Royce o melhor carro do mundo? "Não há realmente nenhuma mágica sobre isso – é meramente uma paciente atenção aos detalhes", diz um eminente engenheiro da Rolls-Royce."

Minha reação como um homem dos anos 1950, ao ler, seria: "Puxa, o carro é silencioso e não há nada de mágico nisso. Como eles conseguem? Vou ler mais para saber". Repare como o interesse é despertado.

O segredo do "Interesse" é mostrar ao leitor-alvo que o produto/solução é diferente, que tem o que ele procura, e que é algo que vale a pena. Despertar o interesse do seu público-alvo é algo que deve ser cuidadosamente planejado. Existem várias maneiras para alcançar esse objetivo, você só precisa aplicar aquela que melhor se encaixa no contexto

Em resumo, atraia o leitor e faça com que ele siga para a próxima etapa. Eu sempre aplico isso nas minhas comunicações e sempre funciona bem. A ideia é deixar o leitor instigado em consumir o conteúdo e saber mais sobre o que está sendo oferecido.

DESEJO

Nas etapas anteriores, "Atenção" e "Interesse", o leitor é influenciado mais rapidamente, mas nessa terceira fase, o processo pode demorar um pouco mais. Para que o desejo seja conseguido, as informações precisam ser analisadas com mais detalhes pelo visitante.

É no "vale do desejo" que ele observa se as ofertas são capazes de atender às necessidades dele como consumidor. Ogilvy é primoroso no copy do Rolls-Royce. Ele usa a parte maior do texto para criar contrastes entre características e benefícios do carro. Alguns trechos:

> 1. A 60 milhas por hora o barulho mais alto do novo Rolls-Royce vem do relógio elétrico", relata o Editor Técnico do motor.
>
> 2. Todos os motores Rolls-Royce funcionavam por sete horas em aceleração máxima antes da instalação, e cada carro é testado por centenas de quilômetros sobre superfícies de estradas variadas.
>
> 3. O Rolls-Royce é projetado como um carro dirigido pelo proprietário. É dezoito polegadas mais curto que o carro doméstico maior.
>
> 4. O carro tem direção hidráulica, interrupções de energia e mudanças automáticas de marcha. É muito fácil de estacionar.
>
> 5. O carro acabado passa uma semana na oficina final de testes, sendo aperfeiçoado. Nessa fase está sujeito a 98 provas separadas. Por exemplo, os engenheiros usam um estetoscópio para ouvir o choro do eixo.

Veja como o produto vai ficando desejoso a cada tópico.

Num contexto atual, indicadores de confiabilidade, como comentários, depoimentos, lista de clientes, formas de garantia, entre outros costumam ser responsáveis por influenciar positivamente a taxa de conversão de sua mensagem num texto de vendas na fase do desejo. É fundamental se valer desses recursos se você quiser que sua copy gere resultados.

AÇÃO

Na etapa final, a ação, você precisa fazer de tudo para não atrapalhar o cliente. As instruções devem ser claras para que o leitor/cliente faça exatamente o que você deseja. Mantendo a mensagem coerente não dando informações complexas, a conversão tende a acontecer.

O call-to-action é um elemento essencial na fase da ação. Em termos de marketing, o CTA é uma "chamada para ação", e no âmbito digital, são palavras e frases contendo elementos que levam os usuários a realizar ações (falaremos sobre isso em outros trechos do livro). A chamada para ação que Ogilvy usou no copy do Rolls-Royce foi essa:

> "Se você quiser ter a experiência recompensadora de dirigir um Rolls-Royce ou um Bentley, escreva ou telefone para um dos revendedores listados na página ao lado."

Seu principal objetivo na fase da Ação é direcionar o leitor a um local de conversão. No contexto de web, pode ser algo como uma página de *check-out*, um número de WhatsApp, um chat de rede social ou até mesmo um e-mail.

VARIAÇÕES DA AIDA

A AIDA é frequentemente expressa como um "tipo de funil" porque canaliza os sentimentos dos clientes por meio de cada estágio do processo de comunicação em direção a uma venda. Com o tempo, alguns especialistas foram modificando os elementos e formando seus próprios modelos.

Algumas delas incluem estágios pós-compra, enquanto outras variantes apresentam adaptações projetadas para acomodar o papel de mídia nova, digital e interativa, incluindo mídia social. No entanto, todos seguem a sequência básica que inclui Cognição-Afeto-Comportamento.

Algumas variações selecionadas do MODELO AIDA:

- **Modelo básico AIDA:** Atenção → Interesse → Desejo → Ação
- **Hierarquia de Efeitos de Lavidge:** Consciência → Conhecimento → Gostar → Preferência → Convicção → Compra
- **Modelo de McGuire:** Apresentação → Atenção → Compreensão → Rendimento → Retenção → Comportamento.
- **Modelo AIDA modificado.** Consciência → Interesse → Convicção → Desejo → Ação (compra ou consumo)
- **Modelo AIDAS.** Atenção → Interesse → Desejo → Ação → Satisfação
- **Modelo AISDALS.** Consciência → Interesse → Pesquisa → Desejo → Ação → Gosto / desgosto → Compartilhamento → Amor/ódio
- No Brasil, temos dois modelos que são muito usados por empreendedores e marqueteiros digitais. Vou escrevê-los na forma como geralmente são ensinados:
- **Os 5 passos fundamentais do copywriting.** Chamar a atenção → Criar conexão → Apresentar o problema → Mostrar a solução → Fazer a oferta (irresistível)
- **Os 5 passos da oferta irresistível.** Chamar a atenção → Criar conexão → Agitar o problema → Mostrar a solução → Chamar para Ação

Enfim, você pode usar o modelo AIDA e suas variações para quase tudo no marketing, inclusive, para promover seus próprios produtos, serviços ou ideias.

PARTE 3

ELEMENTOS

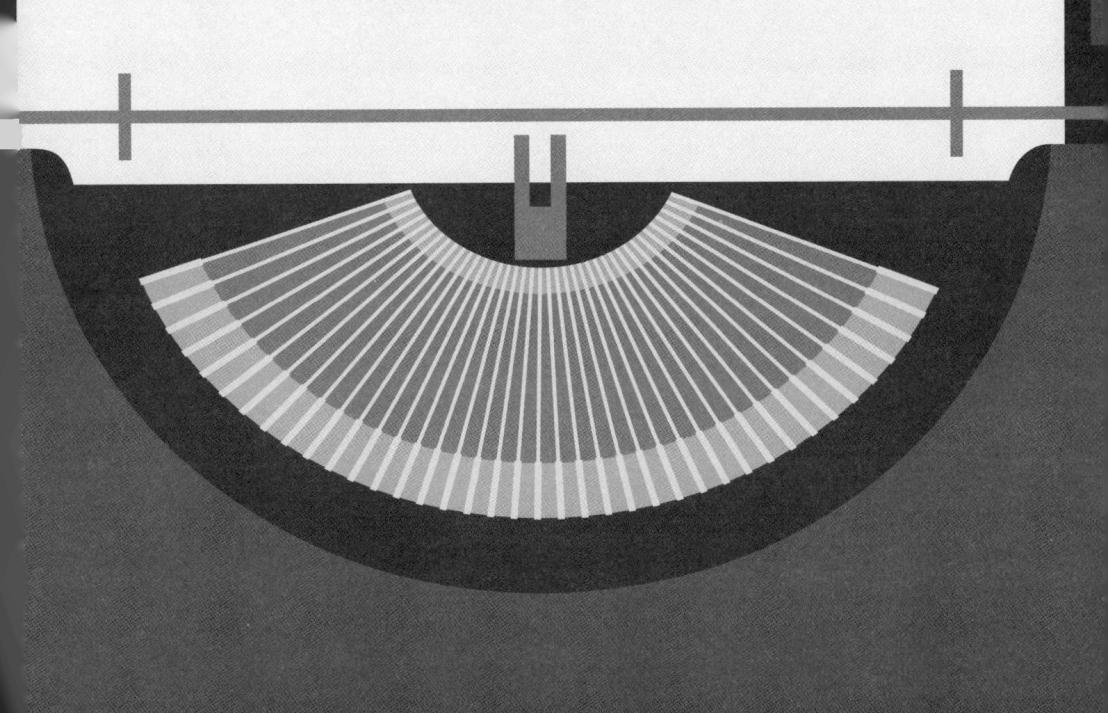

A HEADLINE

"Criatividade é inteligência se divertindo".
— *Albert Einstein*

Os dicionários em língua portuguesa definem "título" como "nome ou expressão que se coloca no começo de um livro, em seus capítulos, em publicação jornalística, peça teatral, filme, música *et cetera*, que pode indicar o assunto ou simplesmente identificar, individualizar a obra ou o trabalho". Este é um conceito válido para o contexto do copywriting, mas nos apoiamos também no termo usado em meios jornalísticos: headline.

Uma headline, ou manchete, é um título de uma notícia num jornal ou revista, escrito com letras grandes e, muitas vezes, na primeira página (no caso do jornal). O termo também é usado no marketing e na publicidade para indicar um título chamativo, persuasivo e impactante. Antes de prosseguir com o capítulo, exponho a pergunta: "Por que você deve dedicar tempo para aprender a criar headlines excelentes?". Eis algumas respostas:

- O título é a primeira conexão com os leitores;
- Se você falha com o título, acaba falhando em todo o restante;
- Se você vende através do título, faz o leitor percorrer meio caminho até a compra.

No meu livro "A Arte De Escrever Para A Web", cito dois pensamentos de David Ogilvy: "Se você não consegue vender nada através do título, joga fora 80% do dinheiro do cliente." e "Uma simples mudança no título pode fazer a diferença de 10 para 1 em vendas". Já Claude Hopkins dizia: "Não é incomum uma mudança no título de um anúncio aumentar de 5 a 10 vezes os retornos". Esses pensamentos mostram como o título é um elemento poderoso de um texto, sendo o primeiro responsável por despertar, ou não, o interesse de um leitor. Costumo dizer também que o objetivo da headline é fazer com que o leitor leia a próxima linha.

Se você se dedicar e aprender a escrever títulos poderosos, conseguirá chamar a atenção do público, terá maiores taxas de cliques, maiores taxas de abertura em e-mails, maior engajamento nos textos e maior poder e influência em suas comunicações – o que significa maior poder de venda também.

"Ok, estou convencido" – você pode dizer – "Como eu começo?". Bem, minha primeira dica é que comece estudando e dominando o modelo AIDA, assunto tratado no capítulo anterior. O modelo descreve as etapas básicas que podem ser usadas para persuadir clientes em potencial. Aconselho que retorne ao capítulo quantas vezes achar necessário a fim de revisar o que foi abordado. A etapa "Atenção" pode ajudá-lo a pensar em títulos realmente atrativos e vendedores.

Utilize também a...

FÓRMULA 4 U'S

No setor de marketing, fala-se muito sobre a "Fórmula 4 U's". Originalmente desenvolvida pelo treinador de negócios e empreendedor Michael Masterson, essa fórmula faz maravilhas na hora de criar manchetes, títulos e assuntos de e-mail. Os 4 U's são:

1. Útil.
2. Urgente.
3. Único.
4. Ultraespecífico.

Vamos destrinchar cada "U":

URGENTE

Urgência nas manchetes convence as pessoas a clicarem para ler o copy, abrirem o e-mail ou, no melhor dos casos, comprar o seu produto. A urgência em sua comunicação ajuda os leitores a entenderem que precisam resolver problemas reais ou atingir metas rapidamente.

Embora a urgência seja muito importante para seus títulos, se você não puder aplicar todos os 4 U's, defendo que urgência é a única a deixar de fora. Isso porque a exclusividade, a utilidade e a ultra-especificidade são mais importantes do que a urgência, e também porque pode ser difícil manter a urgência em todo o conteúdo sem parecer muito agressivo ou desesperado.

Exemplos de títulos urgentes:

- "Evite o sofrimento da dor de coluna com este gel testado cientificamente".
- "Há apenas 3 maneiras eficientes de fazer um homem desejar você".
- "Treine seu filhote de Labrador em 2 semanas antes que ele destrua o seu sofá".

ÚNICO

A exclusividade é fundamental porque se os potenciais clientes não tiverem visto o conteúdo ou benefícios semelhantes em outros lugares, se interessarão imediatamente pelo que você está oferecendo. Procure usar singularidade no seu copy, desde seu estilo de escrita até o benefício que os visitantes obtêm ao comprar o seu produto.

Exemplos de títulos únicos:

- "A idosa de 62 anos que ganha dinheiro postando memes no Facebook".
- "10 lindas flores brasileiras que matam de formas horripilantes".
- "A incrível história do gênio do marketing que tinha medo de voar".

ÚTIL

Se o seu copy não é útil, por que os visitantes devem lê-lo? Como pode uma comunicação ser exclusiva, ultraespecífica e urgente sem ser útil? A singularidade do seu conteúdo ajuda a atrair leitores, mas a utilidade é o que os compele a continuar lendo. Você deve oferecer um benefício, resolver um problema ou fornecer valor para seu público.

Exemplos de headlines úteis:

- "Como criar propostas profissionais em poucos minutos – e fechar mais contratos de ticket alto".
- "Como limpar seu sofá de microfibra sem usar água e sabão".
- "Receitas saudáveis e saborosas que vão ajudar você a vencer a balança".

ULTRAESPECÍFICO

É possível que sua headline seja útil sem ser específica, mas quanto mais específica ela for, mais útil ela será. A especificidade é importante porque aumenta a utilidade do conteúdo e o torna mais atraente. Já se perguntou por que você vê tantas headlines com números? É porque os números são uma maneira de se tornar específico.

Certa vez escrevi uma headline para o produto de um cliente: "Conheça agora a estratégia que gerou 1297 vendas nos últimos 30 dias –e porque ela é capaz de garantir 98,9% de retorno sobre o seu investimento". Esse é um dos títulos mais específicos que escrevi – e com números reais.

Mais exemplos de headlines ultraespecíficas:

- "Você pode eliminar de vez a gordura comendo estes 7 alimentos milagrosos".
- "A cura para a insônia. Sem antidepressivos. Sem tratamentos que valem uma fortuna – apenas uma pequena mudança na sua rotina".
- "Os 15 passos para vencer os distúrbios do sono e evitar gastar milhares de reais com remédios".

Dependendo do caso, se você conseguir aplicar os 4 U's na sua headline, mais persuasiva e poderosa ela será. De acordo com os autores do curso americano de copywriting Awai, os dois exemplos abaixo contêm os 4 U's implícitos:

- "Como fazer $10 milhões, melhorar sua saúde e ter um bronzeado muito bom... tudo antes do jantar hoje à noite".
- "Uma cura virtual para a artrite que impede a dor e o sofrimento – e reconstrói a nova cartilagem em menos de 30 minutos".

Em resumo, seja útil para o seu leitor, crie um senso de urgência, transmita a ideia de que o principal benefício é algo único e torne a mensagem ultraespecífica. Pratique os 4 U's com afinco para tornar seus títulos poderosos.

EM BUSCA DA PERFEIÇÃO

Os grandes copywriters ficam a maior parte do tempo pensando em como escrever a headline. Alguns criam 100 e até 200 títulos antes de definirem um. Nesse contexto, a repetição é muito importante. Um antigo ditado diz que "a repetição, com correção, até a exaustão, leva a perfeição". Bonito, poético, profundo e realista – e você deve levar para seu trabalho com copywriting.

Quando eu estava aprendendo bateria, há muitos anos, tive uma enorme dificuldade em executar certos movimentos, desenvolver a coordenação motora e a independência dos membros. Minha dificuldade era tanta, que pensei em desistir de tocar. Eu não aceitava conscientemente que precisaria passar por todo o processo de aprendizagem. Afinal, eu queria resultados rápidos e sair tocando ritmos e viradas viscerais.

Tudo começou a mudar quando passei a encarar o estudo com disciplina. Além do controle da ansiedade e o foco, a repetição foi um fator importante no meu desenvolvimento como baterista. Eu repetia diariamente alguns exercícios até ficarem perfeitos. Começava devagar e depois ia aumentando a velocidade enquanto tentava manter a precisão. Assim eu fui crescendo como músico.

Claro que escrever copy é diferente de tocar um instrumento, mas os mesmos princípios podem ser aplicados. Se você estiver disposto a repetir, melhorar, revisar, aperfeiçoar, sempre visando os resultados, sua capacidade como criador de copywriting será ampliada e você estará mais apto a alcançar seus objetivos.

Por exemplo, para um copywriting de seguros de imóveis, uma primeira headline poderia ser:

> "Descubra como manter seu imóvel seguro e evite dores de cabeça".

O título diz claramente do que o texto se trata, mas me diga se não está pouco atrativo e fraco... Não desperta o desejo de ler imediatamente. Com a repetição e aperfeiçoamento, eu poderia chegar a algo como:

> "Não se trata apenas de incêndio. O seguro residencial cobre intempéries como enchentes, danos elétricos, queda de aeronaves, roubos e até vendavais. Nunca se sabe quando pode acontecer. Não dê bobeira!"

Ok, ficou maior, mas me diga se não soa mais impactante, urgente e esclarecedor? Então, acredite, vale a pena o esforço, mesmo que você precise escrever 50 novos títulos para chegar a um mais certeiro e poderoso.

A criação de headlines é realmente uma das habilidades mais importantes que você deve desenvolver. Dependendo do caso, 70% a 80% dos seus clientes apenas lerão sua headline, passarão os olhos no copy e irão direto para o botão de compra. Por isso é fundamental você dominar o assunto e escrever títulos realmente poderosos.

A HEADLINE

LISTA DE INSPIRAÇÃO

No livro "Copywriting: Palavras que vendem Milhões", Gustavo Ferreira lista 152 headlines que ele mesmo traduziu. Vou compartilhar 18 delas para você se inspirar:

"38 maneiras fáceis e divertidas para ganhar $ 500 no próximo final de semana"

"As pessoas que lerem esse livro ficarão com seu dinheiro"

"Usar um advogado pode ser perigoso para sua riqueza"

"A verdade sobre ficar rico"

"A fantástica "lama mágica" usada por um médico da tv que não acredita em cirurgia plástica!"

"Possua o negócio que você escolher sem investir 1 centavo"

"O livro de quem pertence a quem"

"Você pode rir das preocupações financeiras se seguir este simples plano"

"Você está pronto para usar auto-hipnose para fazer a vida dar o que você quer?"

"Um pequeno erro custou a um fazendeiro $ 3,000 no ano"

"Conselho para esposas cujos maridos não guardam dinheiro - por uma esposa"

"Como fazer uma fortuna hoje começando do zero!"

"O segredo para ser próspero"

"Seus empregados trabalham tão devagar quanto leem?"

"Ouse ser rico"

"Faça qualquer um fazer qualquer coisa que você comande - somente com sua mente!"

"Um surpreendente fato sobre dinheiro"

"Como descobrir no que você é realmente bom"

E aí, o que achou? Você pode usar esses modelos como inspiração para criar headlines para anúncios, landing pages, títulos de cartas de vendas, títulos de artigos, ganchos para e-mails, folders, *banners* e o que mais for conveniente.

Para avançar no assunto headlines/títulos, baixe um dos bônus através de um link que eu deixo no final deste livro. Você terá direito a um material chamado "Swipe File", um arquivo pessoal com headlines poderosas e vendedoras. São 77 títulos que eu uso como inspiração para minhas criações de copywriting e mais 67 modelos para você adaptar e usar.

O TEXTO

> "É muito fácil ser diferente, mas muito difícil ser melhor."
> — *Jonathan Ive*

Um copywriting deve ter um apelo textual persuasivo. O que o diferencia de outros métodos de redação é justamente essa essência persuasiva, que será responsável por levar o leitor à decisão de compra. Mas você precisa escrever bem também.

Em "A Arte de Escrever Para A Web E Produzir Conteúdos Poderosos", destaco que alguns profissionais entendem erroneamente o trabalho com o copywriting. Aprenderam que para deixar o texto persuasivo, precisam inserir frases com "gatilhos mentais" retiradas de uma planilha que algum *guru de cop*y disponibilizou. Fazem isso sem o mínimo cuidado estético textual. Defendo que o texto precisa ser de alta qualidade, com boa gramática, boa formatação e com linguagem persuasivamente adequada (grave isso).

Sobre os gatilhos mentais, o segredo está em compreender a essência, *pegar pela raiz*, dominar os princípios da persuasão. Assim, na hora de escrever, você acabará incorporando esses princípios de forma natural e não forçada, evitando "copiar e colar" um gatilho mental. O trabalho do Dr. Robert Cialdini é importante nesse contexto. Sugiro que leia o livro "As Armas da Persuasão" e que estude a seção 4 deste livro.

A ideia é que você esteja apto a formar uma argumentação espontânea, usando o que absorveu ao longo do tempo que passou estudando. Além disso, vamos conferir o que um dos gênios da publicidade recomenda...

Certa vez, David Ogilvy advertiu: "Quando você se sentar para escrever o texto, finja que está conversando com a mulher ao seu lado, num jantar. Ela lhe perguntou: 'Estou pensando em comprar um carro novo; qual você me recomendaria?' Escreva o texto como se estivesse respondendo essa pergunta".

O ideal também é não ficar dando voltas em torno do problema, mas ir direto ao ponto. Também é bom evitar superlativos, generalizações e lugares-comuns. Sua escrita deve ser específica e apresentar fatos. E quanto melhor você conseguir demonstrar esses fatos, mais poderoso seu texto se tornará.

Para tornar o texto atrativo, não se esqueça também de se valer de entusiasmo e energia. Não seja chato e enfadonho – isso é o que de pior pode acontecer. Diga a verdade, mas torne a verdade fascinante. Seja simples e amistoso, mas faça com que a mensagem seja inesquecível.

Você pode dizer a coisa certa sobre seu produto e ninguém dar atenção. Porque não basta dizer, você tem de dizer de um jeito que as pessoas desejem o que você está ofertando. E não há outra maneira de fazer isso sem uma comunicação, simples, objetiva e atrativa. Sempre enxerguei o copywriting como comunicação simples de extrema qualidade e poder de convencimento. Se não puder ser assim, algo está errado.

Todos os dias, as pessoas são bombardeadas com anúncios que beiram o ridículo. Parece que algumas marcas só desejam demonstrar o quão revolucionário o produto é, deixando totalmente de lado o fato de que a comunicação deve ser certeira, criativa e oferecer informação relevante o suficiente para seduzir o público.

No contexto digital, por exemplo, não adianta buscar a melhor ferramenta de e-mail marketing, a melhor plataforma para o seu blog, participar dos melhores eventos do setor e querer fazer copywriting com negligência. Alguns empresários encaram a comunicação como algo custoso e tem a audácia de querer pagar por uma comunicação comercial o valor de um pacote de rosquinhas.

Profissionais de marketing e copywriters estudam anos para conseguir saber o que funciona ou não; devoram livros, investem em cursos, perdem dias de descanso, viram noites para desenvolver habilidades em argumentar e persuadir; mas o "empreendedor sabido" acha que o trabalho de comunicação é só juntar palavras numa página para o cliente clicar no botão e comprar o produto.

Infelizmente, alguns levam anos para descobrir que não é assim que as coisas funcionam. Outros, só descobrem quando quebram. O que acaba sendo bastante dolorido. Duas frases de William "Bill" Bernbach exprimem o que precisa ser dito: "Não é o que você diz que estimula as pessoas, é como você diz"; "Anunciar é fundamentalmente persuasão, e persuasão não é uma ciência, mas uma arte".

Não se deve tratar a comunicação como algo custoso. É preciso começar a vê-la como algo essencial para o sucesso do negócio, que precisa ser criado com zelo e esmero. É preciso jogar o jogo certo. Fazer negócios não é como brincar de bola no campinho, apenas por passatempo, sem compromisso. É como entrar em campo numa final de Copa do Mundo.

Você acha que alguém negligente com a comunicação escreveria algo como no exemplo abaixo?

Famoso Lutador Mundial Dará A Você Uma ARMA DE GRAÇA...
Apenas Para Provar Que Ele Pode Tirá-la De Você Desarmado
Tão Fácil Como Tirar Doce De Criança!

Caro Amigo,

Quero mandar para você uma arma de graça. (É idêntica aos padrões de especificação militares de armas de treinamento.)

Há duas coisas que quero que você faça quando receber:

Quero que você deixe a arma de lado e assista aos quatro vídeos que vou mandar junto.

Então quero que você dê a arma para seu amigo maior, mais resistente e mais bem coordenado... e peça para ele:

Apontar a Arma Para Você E Colocar O Dedo No Gatilho!

> É importante que você escolha alguém maior que você. De preferência, ele deve ter alguma habilidade em lutas. Um faixa-preta de karatê seria perfeito.
>
> Por que estou pedindo para você fazer isso? Porque quero provar para você que o que você verá nesses vídeos vai permitir você tirar a arma da mão dele (apenas com suas mãos) e levá-lo ao chão antes que ele pense em mover um músculo para apertar o gatilho!
>
> (Trecho de carta de John Carlton)

E o que acha desse outro exemplo?

> No Dia 1º De Outubro, A Varredura De Impostos Presidencial Começa A Valer.
>
> Um Investimento Subestimado Pode Se Tornar o Maior Beneficiário de Todos...
>
> Caro Amigo: A cobrança de impostos do congresso vai afetar mais do que indivíduos e retorno de empresas. A repercussão pode ser sentida em tudo, de parcerias de imóveis a planos de aposentadoria, a contas bancárias, portfólio de ações e abrigos de impostos.
>
> (Início de carta escrita por Jay Abraham)

Acho que você entendeu a mensagem.

SOBRE ESCREVER BEM

> "Quanto mais longe você conseguir olhar para trás, mais longe você verá para frente."
> — *Winston Churchill*

A história da escrita descreve a formação e a evolução de diversos sistemas de escrita que surgem na Idade do Bronze, a partir da proto-escrita do final do período Neolítico. O surgimento da escrita é um marco importante na história do mundo por demarcar a separação entre a história e a pré-história, iniciando o registro dos acontecimentos.

Pouca gente sabe, mas a escrita surgiu como necessidade do desenvolvimento da economia que estava ocorrendo principalmente no Oriente Médio. O sistema de escrita original dos mesopotâmicos era derivado do seu método de contabilidade.

Um dos principais fatores do surgimento das cidades e dos Estados foi a escrita, criada por volta de 3500 a.C. Vários são os fatores que explicam o nascimento desse meio de comunicação como a necessidade de contabilizar os produtos comercializados, os impostos arrecadados e os funcionários do Estado; e o levantamento da estrutura das obras, que exigia a criação de um sistema de sinais numéricos, para a realização dos cálculos geométricos.

Com a escrita, o ser humano criou uma forma de registrar suas ideias e de se comunicar. A linguagem escrita é especial porque permite que a vida que levamos hoje seja conhecida pelas gerações que virão depois de nós.

A escrita também é essencial para o desenvolvimento da economia dos povos. E parte disso é conseguido por meio do copywriting. O que caracteriza o copywriting é o uso de uma linguagem retórica. Retórica é a arte de convencer, de persuadir.

Veiculada num anúncio de jornal, revista, num outdoor ou na internet, o objetivo da linguagem copywrite sempre foi (e ainda é) convencer o leitor, criar uma atitude favorável ao produto ou ao serviço que está sendo vendido e levar potenciais clientes à ação, que muitas vezes é comprar o que está sendo ofertado.

Mas basta tentar ser persuasivo para fazer o copywriting funcionar? Há algo a mais a ser preenchido, ou basta consultar planilhas com gatilhos mentais para tornar o texto altamente vendável? Bem, como sempre costumo dizer: "Melhor dominar pelas raízes do que se apoiar nos galhos". Eu gosto de cavar fundo, e acho impressionante que, quanto mais fundo eu cavo, mais consigo subir o nível da minha escrita.

Por que estou dizendo isso? Vou resumir: se você quer ser um copywriter acima da média e tornar seus textos tão geniais a ponto de vender, se quer escrever bem e tornar sua linguagem atrativa, engajadora e poderosa, deve se acostumar a fazer o que a maioria não faz. E aqui estão alguns conselhos valiosos para você considerar nesse contexto.

EVITE MOLHAR SÓ OS PÉS

Lembro como se fosse hoje do dia em que, reunido com empreendedores numa sala, revelei que tinha o desejo de estudar filosofia. Minha fala foi motivo de riso e piada. "Não vejo necessidade – disse um deles – empreendedor só precisa saber ganhar dinheiro."

Eu poderia muito bem me deixar levar com o peso daquelas palavras, mas não desisti do meu objetivo. Mergulhei nos livros. E foi a filosofia que me fez enxergar melhor como as coisas funcionam...

Napoleon Hill e Dale Carnegie, dois papas da comunicação e dos negócios dedicaram suas vidas aos estudos das áreas humanas. Muito do que apresentam em suas obras se apoia em correntes filosóficas milenares.

No livro "O Mensageiro Milionário", Brendon Burchard revela que teve uma excelente base educacional. Ele, que é atualmente um dos mais respeitados gurus de negócios, inclusive, estudou as Artes Liberais Medievais, Trivium e Quadrivium.

Todos os grandes gênios da comunicação, do marketing e da publicidade passearam para além das regras do marketing e modelos de mercado. Mergulharam fundo nos estudos das áreas humanas. A tentativa de Claude Hopkins de entender a psique humana a fim de melhorar os resultados com o copywriting nos diz muito.

Há uma diferença enorme entre sentar à beira do rio com os pés na água e mergulhar com o corpo todo. Só se conhece a profundidade das coisas quando se mergulha nelas.

PEGUE UM LIVRO

O hábito da leitura é algo que personalidades de sucesso têm em comum. Warren Buffett, Bill Gates e Mark Cuban, embora atuem em diferentes áreas, compartilham de muita prosperidade em suas carreiras. Nenhum desses nomes abre mão de reservar momentos exclusivos para a leitura.

Buffet diz que ler é uma atividade realizada durante cinco ou seis horas do seu dia. Para o criador da Microsoft, ler é o grande segredo do seu sucesso. Mark Cuban declarou à imprensa que lê durante três horas por dia.

Esses grandes homens apostam na leitura como forma de movimentar as ideias de negócios e resolução de problemas. Além dos livros, investem tempo em adquirir informações de diferentes fontes da imprensa. Portanto, não se surpreenda se souber que eles leem cinco ou seis jornais diariamente.

A apresentadora Oprah Winfrey já creditou boa parte do seu sucesso às leituras realizadas durante sua vida. Ela chega a definir livros como passe para a liberdade pessoal. O fundador da Nike, Phill Knight, venera a sua própria biblioteca.Quando perguntaram a Elon Musk sobre como ele aprendeu a construir foguetes possantes e inovadores, ele simplesmente respondeu: "li livros". Seu irmão até relatou para a imprensa que Musk cresceu lendo dois livros por dia.

Grandes nomes do mundo corporativo vivem em uma agenda apertada, com muito trabalho e muitos compromissos. Ainda assim, mantêm tamanha dedicação à leitura porque sabem o quanto perdem ao deixar essa atividade de lado.

E você, quantos livros lê por ano?

ELFOS, BALEIAS E MENINOS QUE CAÇAM TESOUROS

"As Crônicas de Nárnia" é uma série de sete romances de alta fantasia, escrita pelo autor irlandês C. S. Lewis. É a obra mais conhecida dele, e esta série é considerada um clássico da literatura, tendo vendido mais de 120 milhões de cópias mundialmente. O título figura como uma das obras literárias mais bem-sucedidas e conhecidas de todos os tempos, tendo sido traduzida em 41 idiomas.

Foi escrita por Lewis entre 1949 e 1954, mas adaptadas diversas vezes, inteiramente ou parcialmente, para a rádio, televisão, teatro e cinema. Além dos tradicionais temas cristãos, a série usa elementos da mitologia grega e nórdica, bem como os tradicionais contos de fadas.

A obra citada no começo deste livro, "Moby Dick", foi revolucionária para a época. Acho genial como o romance foi composto: com descrições intrincadas e imaginativas das aventuras do narrador – Ismael – suas reflexões pessoais e grandes trechos de não-ficção, sobre variados assuntos, como baleias, métodos de caça a elas, arpões, a cor branca (de Moby Dick), detalhes sobre as embarcações, funcionamentos e armazenamento de produtos extraídos das baleias.

Moby Dick foi inspirado no naufrágio do navio Essex, comandado pelo capitão George Pollard, que perseguiu teimosamente uma baleia e ao tentar destruí-la, afundou. Outra fonte de inspiração foi o cachalote albino Mocha Dick, supostamente morta na década de 1830 ao largo da ilha chilena de Mocha, que se defendia dos navios que a perturbavam com premeditada ferocidade.

Tom Sawyer é o personagem principal dos livros infantis "As Aventuras de Tom Sawyer", "As Viagens de Tom Sawyer" e "Tom Sawyer, Detective", de Mark Twain (1835-1910), considerado o pai da literatura americana moderna. Tom, inclusive, inspirou uma de minhas canções de rock preferidas: "Tom Sawyer", da banda canadense Rush.

Tom é um garoto que vive com a tia Polly, o irmão Sidney e a sua prima (filha da sua tia) chamada Mary numa pequena cidade nas margens do rio Mississippi, nos Estados Unidos, no século XIX. Esperto, ele e seu amigo Huckleberry Finn metem-se nas mais incríveis peripécias.

Aprendi mais sobre boa escrita e copywriting lendo "As Crônicas de Nárnia" para o meu filho antes de dormir do que consultando manuais de marketing. Compreendi certos aspectos do texto engajador, dos ganchos e das promessas passeando pelas páginas de "Moby Dick". E aprendi como pessoas comuns, até mesmo meninos, tornam-se heróis viajando nas histórias de Tom Sawyer.

Esse talvez seja um dos meus conselhos mais valiosos: há muito o que se aprender sobre copywriting em romances e literatura. A ficção se entrelaça com a vida real. Um produto de emagrecimento e uma história de aventura vendem pelo mesmo motivo: ambos transformam seres humanos em heróis. Ou ao menos dão a eles a esperança de um mundo melhor.

A CARTA DE VENDAS

"Lembre-se de que o copy de sua carta de vendas precisa fazer com que o leitor visualize fotos e sinta experiências".
— *Dan Kennedy*

Uma carta de vendas é um elemento de mala direta destinada a persuadir o leitor a comprar um determinado produto ou serviço na ausência de um vendedor. Ela foi definida como "uma forma de mala direta na qual um anunciante envia uma carta a um cliente em potencial".

Distingue-se de outras técnicas de mala direta, como a distribuição de folhetos e catálogos, já que a carta de vendas normalmente vende um único produto ou linha de produto e tende a ser principalmente textual em vez de baseada em gráficos.

São tipicamente usadas para produtos ou serviços que, devido ao seu preço, são uma compra considerada de valor médio ou alto (normalmente de dezenas a milhares de dólares). Mas também podem ser feitas para vender produtos de valor baixo.

Uma carta de vendas é frequentemente, mas não exclusivamente, a última etapa do processo de vendas antes que o cliente faça um pedido. E é projetada para garantir que o cliente potencial esteja comprometido em se tornar um cliente.

Desde o advento da internet, a carta de vendas tornou-se parte integrante do marketing digital, e geralmente assume a forma de um e-mail ou página da web. No contexto de copywriting, a carta de vendas é um dos elementos mais poderosos quando se trata de desenvolver um discurso comercial persuasivo.

Devido à natureza de resposta direta das cartas de vendas, elas podem ser cuidadosamente testadas em uma base contínua para determinar qual versão apresenta o melhor desempenho em termos de conversão de leitores em clientes.

Cartas de vendas são normalmente desenvolvidas de forma incremental, com testes de divisão de vários elementos. Isso permite que o profissional de marketing ou redator confirme qual título, texto do corpo ou design gráfico é melhor convertido. Na internet, é possível rastrear variáveis adicionais, como a taxa de abertura de e-mails, a taxa de rejeição, o click para o *checkout*, *et cetera*.

OS PASSOS PARA ESCREVER SUA CARTA DE VENDAS

É possível escrever uma carta de vendas poderosa em 12 passos e é isso que você vai aprender aqui...

Mas faço um aviso: é preciso estar preparado. Por mais que usemos fórmulas, templates, técnicas, o que facilita e potencializa o processo é sempre a preparação. E isso é resolvido na etapa de premissas, na parte que você faz o dever de casa, organiza e estuda:

1. Contexto
2. Solução
3. Persona
4. Gancho
5. Promessa
6. Emoção
7. Estrutura
8. A P.U.V e a big idea.

Não escreva antes de estar a par de cada aspecto desses elementos em torno do produto. Ao passar por esses aspectos, você começa a ter clareza do que você está oferecendo. Costumo dizer que 60% a 70% do tempo dedicado a um copy é para a fase de preparação. O restante é reservado para a escrita em si.

Com os elementos antecedentes definidos, é hora de sentar para escrever. Copywriting também é processo. E como eu aprendi com grandes mestres, é possível condensar esse processo em 12 passos, principalmente quando estamos falando de cartas de vendas.

Existem muitas objeções comuns em todo processo de vendas. Posso citar algumas, como: "Você não entende meu problema"; "Eu não preciso disso"; "Isso não funciona para mim"; "É muito caro!"; "Eu não confio em vendedores"; "E se eu não gostar"; "Não quero me decepcionar".

A boa notícia é que você pode superar essas e outras objeções seguindo a sequência eficaz de cartas de vendas. Acredito que 90% ou mais dos empreendedores e copywriters brasileiros se valem desse processo.

Os 12 passos são:

1. Chame a atenção
2. Agite o problema
3. Apresente a solução
4. Mostre suas credenciais
5. Liste os benefícios
6. Prove
7. Faça a oferta
8. Use a escassez
9. Dê garantia
10. Chame para ação
11. Dê um aviso
12. Termine com um lembrete

Vamos destrinchar cada etapa?

1. CHAME A ATENÇÃO

O primeiro passo é você chamar a atenção e induzir a leitura de sua comunicação. Aqui é preciso escrever uma headline com a promessa de benefício que seu produto fornece. Sua solução deve ficar evidente de alguma forma e despertar a atenção do leitor-alvo.

Alguns exemplos que costumam funcionar bem:

Modelo Descubra:
"Descubra _____ para ter _____ em _____."
"9 passos simples para começar a vencer a obesidade e ter um corpo mais saudável em menos de 8 semanas."

Modelo Revela:
"Especialista revela: _____ para ter _____ em _____ sem que ____."
"Especialista Revela: 9 passos simples para ter um corpo saudável em menos de 8 semanas sem que você precise ir à academia."

Modelo Como (How To):
"Como _____ e _____ que você tanto deseja em apenas _____."
"Como eliminar a gordura e ter o corpo que você tanto deseja em apenas 8 semanas".

Muitas pessoas que serão atraídas pelo seu copy lerão apenas seu título, então trate de fazer um bom trabalho nesta etapa.

2. AGITE O PROBLEMA

Agora que você captou a atenção de sua persona, é hora de "agitar o problema". A pessoa tem uma dor e você está ali para oferecer a solução. Por exemplo:

> "Você que está acima do peso, sabe como é doloroso não conseguir fazer tudo que deseja...
>
> Até calçar o tênis ou vestir uma calça se torna uma dura tarefa.
>
> Além disso, você sabe como é frustrante ter que passar na roleta do ônibus e ocupar quase dois lugares nos assentos.
>
> Você nota os olhares das pessoas quando entra em lojas e anda em locais públicos...
>
> A gordura o incomoda...
>
> Mas você não sabe o que fazer...
>
> Você já tentou fazer dieta, academia, exercícios em casa, mas tudo o que conseguiu foi mais e mais frustração."

Nesta etapa, você precisa descrever cenários e fazer quem está lendo sentir a dor. Quando falamos em agitar o problema, estamos dizendo que é preciso mostrar que existe um sofrimento real e que isso precisa ser resolvido (ou prevenido) o mais rápido possível.

3. APRESENTE A SOLUÇÃO

Depois de mostrar que existe um problema, e que esse problema pode ser altamente prejudicial, é hora de mostrar a solução. Mas, calma! Aqui você ainda não fala do seu produto, porém começa a indicar o caminho para a transformação. Exemplo:

> "Somente quando cheguei a 120 quilos, e percebi que não conseguia mais amarrar o tênis sem precisar me contorcer e sentir dor na coluna, que eu decidi encontrar uma forma de emagrecer...
>
> Eu precisava mudar imediatamente minha rotina sem precisar ir à academia ou adotar dietas altamente restritivas.
>
> Foi então que eu tive uma ideia e decidi testar. A partir daquele dia, minha vida começou a mudar completamente."

Repare como em um parágrafo eu comecei a mudar o curso do texto e apontar para a solução. Nesse copy eu poderia, após esse trecho, destrinchar o que eu fiz para conseguir eliminar 29 quilos, por exemplo. E então eu prepararia o leitor para conhecer o produto.

4. MOSTRE SUAS CREDENCIAIS

Em algum momento da carta de vendas, você precisa mostrar que é uma autoridade no assunto. Aqui usamos o princípio da autoridade, que se apoia no fato de que, quando precisamos processar informações específicas que fogem do nosso domínio individual, recorremos às informações fornecidas por uma autoridade para balizar nossas decisões em determinada situação.

O que funciona bem nesta etapa:

1. Estudos de caso;
2. Empresas que você já trabalhou;
3. Trabalhos importantes que você fez;
4. Sua própria superação/seus resultados;
5. Prêmios que ganhou.

Mas o que é mais recomendável é contar sua história e como você superou o desafio. Suas credenciais são importantes, mas mostrar como você superou o problema gera uma conexão muito forte.

E isso gera *rapport*, um conceito do ramo da psicologia que alusão a uma técnica usada para criar uma ligação de sintonia e empatia com outra pessoa. Ao contar uma história de superação, você se conecta com seu público e ele acredita em você.

5. MOSTRE OS BENEFÍCIOS

Aqui é quando você usa as informações que você colheu na fase de planejamento do copy e estudo da solução. Então agora você fala dos benefícios do seu produto/serviço. No exemplo do emagrecimento, você não dirá que vende um produto que elimina o peso. Você venderá o sonho.

> Imagine você 29 quilos mais magro, podendo sair com sua esposa sem ser notado como um cara obeso...
>
> Imagine que em vez de ficar ouvindo piadas sobre gordo nos churrascos da família, você ouça elogios de parentes admirados por você ter conseguido eliminar todo aquele peso.
>
> E o melhor... sem precisar se matar em academia e sem deixar de comer o que você gosta... apenas mudando sua rotina de forma inteligente.

Um detalhe importante: jamais minta e jamais prometa "milagres". Copywriting não existe para embuste, para mentiras, para fraudes. O produto deve ter entrega real, deve realmente resolver o problema de quem compra. Valorize a ética e honestidade sempre.

6. DÊ PROVA SOCIAL

Agora é hora de você mostrar depoimentos de clientes satisfeitos com sua solução. Especialistas em neuromarketing afirmam que um dos segredos para conquistar um bom número de vendas é mostrar ao consumidor o produto ou serviço sendo utilizado por outra pessoa.

A explicação é simples: como somos seres sociais, costumamos acreditar e concordar com a maioria. Se existe muita gente falando bem de uma coisa, a tendência é acreditarmos e seguirmos o que está sendo dito.

"Como 95% das pessoas são imitadoras, e apenas 5% são iniciadoras, elas são mais persuadidas pelas ações dos outros do que por qualquer outra prova que possamos oferecer", diz o advogado e palestrante Cavett Robert.

Dentro desse contexto, a reunião de depoimentos e testemunhos é quase infalível, pois alia outra grande arma persuasiva, citada no tópico anterior: autoridade. Se as pessoas veem e ouvem outras falando bem de você, não duvidarão que você realmente é um especialista na área e desejarão fazer parte do seu time de clientes bem-sucedidos.

Você pode apostar em *prints* de pessoas falando sobre você ou seu produto, vídeos e áudios, depoimentos em textos, estudos de caso e até disponibilizar uma área e comentários na página para que pessoas que usaram seu produto comentem. Enfim, depoimentos reais e sinceros sobre seu trabalho e o que você oferece aumenta muito sua taxa de conversão.

7. FAÇA SUA OFERTA

Oferta é uma denominação genérica para indicar o que é disponibilizado ao mercado, independente da sua natureza, sendo utilizada para substituir a expressão "produto" ou "serviço" – e também englobar os outros elementos que são objeto das ações de marketing.

No copy, é quando você fala abertamente do que você tem para vender. E aqui você também usa grande parte do que listou na parte de planejamento e estudo para tornar a oferta irresistível. Por exemplo:

> Entrego um plano prático de emagrecimento junto a um acompanhamento e suporte para que você consiga mudar sua rotina.
>
> Nesse plano, eu listo o passo-a-passo que você precisa seguir de segunda a domingo para eliminar um pouquinho de gordura todos os dias – e evitar que ganhe mais peso.
>
> Além do plano, que eu disponibilizo em 3 PDFs que você poderá acessar no seu computador, tablet ou celular, darei a você o acesso a 7 miniaulas que mostram o avanço rumo ao meu emagrecimento.

Esta é uma forma simples, porém poderosíssima. Repare que fiz um jogo de características e benefícios para destacar cada ponto da oferta. Assim fica mais fácil justificar que o que você está oferecendo é vantajoso.

8. DÊ GARANTIA

Garantia é o ato ou palavra com que se assegura o cumprimento de obrigação, compromisso, promessa, *et cetera*. Ao adicionar a garantia, você faz o cliente ter mais confiança na compra, já que está assegurando que ele não será lesado.

Esse é um elemento persuasivo que elimina o medo e faz a pessoa tomar uma ação mais facilmente e, dependendo do caso, quase dobra o volume das vendas.

No mercado digital, usa-se muito frases como: "Garantia de 30 dias ou o seu dinheiro de volta". Funciona bem. Eu costumo usar argumentos, como:

"Se no período de 30 dias, o que eu entregar não atender, ou se simplesmente você não gostar do produto, eu devolvo todo o seu dinheiro. Simples assim. Sem nenhuma barreira ou dificuldade."

A garantia pode ter outros prazos, como 7 ou 15 dias. Ou seja, as pessoas terão um período para testar e ver se a sua solução realmente pode acabar com o grande problema delas. Isso é mágico e tende a convencer muitos dos que estão indecisos.

Claro que, ao oferecer essa garantia, você passa a correr o risco de ter que devolver o dinheiro aos compradores. É por isso que sempre se deve ter o foco em entregar aquilo que se promete, e assim, ter clientes satisfeitos.

9. USE A ESCASSEZ

Tenho aprendido que sem escassez você quase não vende. O sentimento de "ficar de fora" e "perder uma grande oportunidade" é um dos que mais move as pessoas. G. K. Chesterton, um dos meus autores preferidos, dizia que "o modo para se amar qualquer coisa é perceber que ela pode ser perdida".

Quanto mais rara e incomum é alguma coisa, muito maior é o interesse das pessoas em geral naquela coisa. Praticamente todas as pessoas estão vulneráveis ao princípio da escassez, isso faz parte de uma reação inconsciente que você tem, por isso não abra mão desse elemento na hora de escrever seu copy.

Exemplos que você pode usar:

- "Para os 20 primeiros, ainda ofereço um bônus exclusivo que ensina a cozinhar pratos saudáveis gastando pouco".
- "Vagas limitadas", "Apenas 20 peças", "Somente até o dia X"... são outros exemplos que funcionam.

10. CHAME PARA AÇÃO

É aqui onde entra seu Call-to-Action, um elemento essencial num copywriting. Em termos de marketing, Call-to-Action, ou CTA, é uma "Chamada Para Ação". No âmbito digital, ele ocorre quando usamos palavras e frases persuasivas contendo links que levam os usuários a realizar ações, como por exemplo: "Compre Agora!".

O principal objetivo é direcionar o leitor a um outro local, como uma página de *checkout*. Mas também pode levar o usuário a fazer uma ligação, pedir um orçamento, entre outras ações. Reservei o próximo capítulo inteiro para falar sobre este elemento.

Para criar uma chamada poderosa, procure responder: "Como você vai fazer com que o leitor siga a chamada para ação que você gostaria se você não a criar e mostrar explicitamente?" E então pense num texto forte e persuasivo. A clareza é muito importante, como no exemplo:

- "Clique agora no botão: 'Quero Meu Plano de Emagrecimento Agora!'"
- "Ligue agora no telefone XXXX-XXXX!"
- "Vá nesta sexta-feira à loja e garanta sua peça!"
- "Garanta sua vaga agora clicando no botão ao lado!"

11. DÊ UM AVISO

Isso aqui pode fazer toda diferença no seu copy. Alguns especialistas chamam isso de "custo de oportunidade", onde você destaca quais benefícios seu cliente não irá receber. Esse elemento poderá ajudar o leitor a optar por obter a sua oferta. Exemplo:

> Se você não agir agora, provavelmente continuará com o mesmo problema, sofrendo com as consequências de estar acima do peso.
>
> Mas agindo agora, você obterá minha experiência, conhecendo meus erros e acertos na tentativa de tentar emagrecer.
>
> Você pode agir sozinho e continuar pelo caminho que está indo ou pode agora pegar esse atalho que estou oferecendo.

12. TERMINE COM UM LEMBRETE

Você pode colocar alguns "PS", "Post Scriptum" (do latim, literalmente "escrito depois" – indica algo que se julga necessário acrescentar a uma carta após o seu encerramento (depois do fecho, da assinatura *et cetera*).

Tudo o que é importante você deve acrescentar nessa área. Perguntas e Respostas, reforço dos benefícios, garantia e mais escassez podem entrar nessa etapa. Em muitos casos, é no PS que entram os argumentos persuasivos derradeiros, que influenciam a pessoa a comprar.

E aí, o que acha desses 12 passos? Pronto para escrever sua carta de vendas?

ESTRUTURA PRÁTICA

Chame atenção	
Agite o problema	
Apresente a solução	

Mostre suas credenciais	
Liste os benefícios	
Prove	
Faça sua oferta	
Use a escassez	
Dê garantia	
Chame para ação	
Dê um aviso	
Termine com um lembrete	

LISTA DE INSPIRAÇÃO

Você sabia que alguns grandes redatores chegam a receber até US$ 100.000 dólares por uma única carta de vendas? No livro "Copywriting: Palavras Que Vendem Milhões", Gustavo Ferreira destaca que Gary Halbert foi o copywriter mais bem pago até hoje, recebendo 5 milhões de dólares para fazer um único trabalho.

"Nossa!", você deve ter expressado. Bem, existe um motivo para resultados tão grandiosos. Esses copywriters têm a habilidade de escrever essas cartas que geram milhões de faturamento com o que escrevem; e se eles conseguem fazer os textos gerarem milhões para seus clientes, consequentemente, também receberão pagamentos generosos.

Mas não pense que é fácil. Para chegar a esse nível, será preciso anos de estudo e prática. O bom é que você já está no caminho e consegue, com ajuda de materiais como este, captar a essência de algumas dessas cartas.

Agora quero compartilhar alguns textos poderosos que levaram algumas marcas aos milhões. Meu conselho – e este é outro dos mais valiosos deste livro – é que você reescreva essas cartas para absorver o estilo e captar *o espírito* de cada copy.

Isso forma um dos exercícios mais importantes quando se trata de aprender a escrever para vender. Você pode reservar uma parte do seu dia para fazer isso. Dedique de uma a duas horas diárias para reescrever à mão peças que fizeram sucesso e foram responsáveis por faturamento e lucro. Seu crescimento como copywriter será notório em poucas semanas.

EXEMPLO NÚMERO 1: "THE WALL STREET JOURNAL".

O autor da primeira carta foi Martin Francis Conroy, um executivo de publicidade americano. Esta carta escrita para o "The Wall Street Journal" circulou de 1975 a 2003, ou seja, por mais de 25 anos. Estima-se que durante este tempo, essa carta gerou mais de 1 bilhão de dólares de faturamento em assinaturas do jornal, e é considerada uma das cartas mais bem-sucedidas de toda a história.

Especialistas dizem que a sutileza na conexão entre o presente e o futuro com a venda da assinatura foram fundamentais no sucesso dela. Fala-se muito sobre criar uma oferta irresistível, e o que Conroy fez foi exatamente isso: uma oferta irresistível para quem ler a carta querer participar da assinatura do jornal.

Ao ler a carta, observe os elementos de especificidade, prova e prova social. Outro fator fundamental é o que eu intitulo de "quadro do futuro". Ela faz você imaginar o futuro contando uma história. E no final traz, no momento presente, a responsabilidade de construir um futuro que você acabou de imaginar.

Aliás, faço questão de destacar que as histórias têm um grande poder de gerar conexão e influenciar pessoas. Por isso é importante para um copywriter estudar o storytelling, a arte de contar histórias. Falarei sobre isso em capítulos futuros.

Agora vamos conferir a carta!

Caro leitor,

Em uma bela tarde de primavera, vinte e cinco anos atrás, dois jovens se formaram na mesma escola. Esses jovens eram muito parecidos. Os dois foram estudantes melhores que a média, ambos eram bem apessoados e os dois – como jovens colegas de graduação – eram cheios de sonhos ambiciosos para o futuro.

Recentemente, esses dois homens retornaram para a faculdade para o 25º encontro.

Eles ainda eram muito parecidos. Ambos estavam felizes e casados. Ambos tinham filhos. E os dois acabaram indo trabalhar para a mesma empresa de manufatura após a faculdade, e ainda estavam lá.

Mas havia uma diferença. Um dos homens era gerente de um pequeno departamento da empresa. O outro era o presidente.

O que fez a diferença

Você já perguntou, como eu já me perguntei, o que faz esse tipo de diferença na vida das pessoas?

Não é apenas inteligência nata ou talento ou dedicação. Não é que uma pessoa quer mais sucesso e a outra não.

A diferença está no que cada pessoa sabe e como ele ou ela faz uso desse conhecimento.

E esse é o motivo que escrevo para você e para pessoas como você sobre o The Wall Street Journal.

Porque esse é o grande propósito do Journal: dar aos leitores conhecimento – conhecimento que possam usar em seus negócios.

> **Uma publicação como nenhuma outra**
>
> Veja, o The Wall Street Journal é uma publicação única. É a única publicação nacional de negócios diária. É montado pela maior equipe de especialistas em notícias de negócios do mundo.
>
> Todo dia útil, as páginas do Jornal incluem um alcance vasto de informação, interesse e relevância para as pessoas com mentes de negócio, não importa de onde vieram. Não apenas ações e finanças, mas qualquer assunto relevante ligado ao dinâmico mundo de negócios...
>
> O The Wall Street Journal dá a você todas as notícias de negócios que você precisa - quando você precisa.

EXEMPLO NÚMERO 2: "ROBERT ALLEN".

Esta carta é assinada por Robert Allen, mas quem a escreveu foi o gênio Gary Halbert. Ela gerou mais de US$ 74 milhões de dólares. Esta carta é diferente, quebra o padrão. Começando pela headline. Sabemos que uma das partes mais importantes de um copy é a headline, certo? Mas nem sempre dá certo porque as pessoas saberiam que aquilo é um anúncio. Nesse caso, Gary substituiu a headline por uma moeda de 1 centavo para capturar a atenção da pessoa que receber a carta... E nesse caso, a moeda faz o papel da headline.

Há alguns princípios importantes aplicados, como especificidade, escassez, desejo. Observe também na carta alguns elementos adicionais importantes: desde o começo você já tem um preço "âncora", ou seja, um referencial que seu cérebro cria. O segredo do preço âncora é trazer seu cliente para o preço real, de forma que ele perceba um valor absurdo no que está recebendo. Compare o valor que aparece logo no começo com o que aparece no final. Não parece um ótimo investimento?

Caro Amigo,

Como você pode ver, anexei um centavo no topo desta carta por duas razões:

1. Tenho algo muito importante para contar a você e precisava de uma maneira de prender sua atenção. 2. Como o que estou escrevendo é sobre dinheiro, pensei que uma "isca financeira" seria apropriada.

Meu nome é Robert Allen. No dia 13 de Março, minha equipe selecionou e ensinou 189 pessoas de todo o país meus segredos para a riqueza. Em 60 dias, essas pessoas lucraram em média $ 12.916 cada.

Essa mesma equipe estará na Califórnia de 5 a 14 de Janeiro e, se possível, eles gostariam de encontrá-lo pessoalmente.

Nesses dias, uma maneira totalmente nova de fazer dinheiro sério no mercado de imóveis de 1989 será revelada para um grupo selecionado de pessoas, utilizando duas vantagens quase desconhecidas "escondidas" na nova lei de impostos.

Com o clima de mudança econômica que segue uma eleição presidencial, agora é a melhor hora para comprar imóveis. Se você está interessado em imóveis de alto fluxo de caixa, passar o dia com esses especialistas pode valer uma fortuna para você.

De fato, nós pessoalmente garantimos seu sucesso. Você não irá apenas aprender de nós as últimas técnicas de investimento em imóveis de nós....

"Você Deve Fazer $ 10.000 Ou Mais Em Um Período De Um Ano Ou Nós Vamos Devolver Sua Matrícula!"

Este treinamento intensivo não é para qualquer um. É somente para aqueles que são sérios sobre ter e controlar grandes somas de dinheiro. Quando você nos encontrar, receberá uma coleção especial GRATUITA de quatro relatórios contendo informações não incluídas nos meus livros best-sellers: "Sem Entrada" e "Criando Riqueza".

Aqui estão os nomes dos relatórios:

1. Uma Brecha Escondida Na Nova Lei de Impostos Que Novamente Torna Imóveis O Investimento Número Um Da América

2. Um Segredo Fantástico Que Permite Você Conversar Com Donos de Barganhas Antes De Qualquer Um

3. 12 Números de Telefone Que Podem Dobrar Sua Receita Nos Próximos 12 Meses

4. Uma Simples Carta de 4 Parágrafos Que Ajuda Você Encontrar Vendedores Motivados

Apenas estes relatórios valem o custo de $ 59 da matrícula. Ainda assim eles refletem apenas uma amostra das informações criadoras de dinheiro que será compartilhada com você.

Adicionei um ticket para reservar seu lugar e os relatórios GRATUITOS. Tudo que você precisa fazer é ligar e confirmar sua reserva. Pré-registre seu Mastercard ou Visa quando ligar, e o custo da matrícula será de apenas $ 39. Ligue e pré-registre antes de 4 de Janeiro, e você ainda receberá um bônus adicional GRATUITO:

Todos os Formulários Que Você Precisará Para Lucrar No Novo Mercado De Imóveis De 1989

Nós nos encontraremos das 9h até as 13h30; a mesa de check-in abrirá às 8h. Detalhes da localização estão inclusos no ticket.

Por favor, ligue agora, porque devido à taxa de matrícula tão baixa, nós acreditamos que a reunião encherá rapidamente. (Tivemos que dispensar 169 pessoas da última vez!).

Ligue gratuitamente:

1-800-...

Sinceramente, Robert Allen

PS: por favor nos avise mesmo se você não vier para que possamos liberar seu relatório para outra pessoa. Obrigado.

(escrito à mão): Ligue hoje e ainda vou incluir meu vídeo de 2 horas, "Criando Riqueza" que inclui imagens ao vivo do desafio de St. Louis.

EXEMPLO NÚMERO 3: "JAY ABRAHAM"

Esta carta foi composta por Jay Abraham, também considerado um dos maiores copywriters do mundo, e também um grande estrategista de negócios. Esta Carta é um exemplo de como alguém que confia em seu próprio trabalho não cobra uma taxa formal para entrar no negócio.

Repare uma coisa: esta carta gera uma autoridade enorme pela forma que é apresentada. A promessa é indiscutivelmente forte, tira o risco do editor, e coloca como prova os clientes que já trabalharam com ele.

Outra coisa: não existe "regra" para você criar sua carta de vendas. O que importa realmente é sua estratégia de negócios. E como você consegue usar sua criatividade e técnica para chegar ao objetivo.

Você gostaria de dobrar sua lista de assinantes nos próximos 12 meses sem custos de marketing? Eu posso ajudar.

Caro Editor:

Sou dono de uma empresa que é especializada em abordagens de marketing inovadoras. Nós desenvolvemos e implementamos totalmente às nossas expensas. Acredito que formulei uma abordagem que pode rapidamente aumentar sua base de assinantes para o dobro.

Aqui está meu conceito.

Vou rodar anúncios em publicações adequadas de negócios e consumos oferecendo os últimos fatos da sua newsletter junto com as últimas publicações de outros boletins similares por $5. Os $5, acredito, quase cobrirão os meus custos de publicação. Entretanto, quando eu enviar os boletins para os destinatário, eu também incluirei um formulário de inscrição de assinatura, junto com uma poderosa carta de vendas, oferecendo uma assinatura completa do seu informativo por um ano por 35% menos do valor original. Acredito que muitas pessoas irão aceitar essa vantagem atrativa de preços.

Dos 65% que eu cobrar deles, quero ficar com metade e a outra metade envio a você. Você, claro, ficará com 100% das renovações que resultarem dessa ação.

Eu também vou considerar rodar anúncios separados oferecendo apenas as últimas notícias da sua assinatura e de mais ninguém depois que testarmos o primeiro conceito.

Vou investir 100% dos custos de publicação. Vou cuidar do envio de todas as amostras assim como coordenar as conversões em assinaturas.

Você só precisa investir mil cópias do seu informativo todo mês, por seis meses. Você apenas enviará tudo para mim e nós faremos todo o resto.

O custo para participar do meu programa é o seu custo de impressão. Minha promessa realista é que dobraremos sua base de assinantes em 12 meses.

Se você está interessado em participar deste programa dinâmico, me escreva no endereço abaixo consentindo na divisão 50-50 no valor de 65% da inscrição. Também me envie fatos recentes do seu informativo que você deseja promover junto com o valor da sua assinatura normal.

Se você tiver qualquer pergunta, me ligue ou ligue para o meu sócio, Bonnie Flores, no número abaixo.

Atenciosamente,

Jay Abraham

PS: Caso você esteja se perguntando sobre minha habilidade, você deve querer ler o anúncio que está junto dessa carta. Meus clientes incluem The Ruff Times, IRI Insights, Entrepreneur Magazine, New Capital Publications, Robert Allen, Albert Lowry, e vários outros que posso te contar quando conversarmos.

Uma forma eficaz de escrever

Certa vez publiquei um artigo no meu blog (www.paulomaccedo.com) que falava sobre como escrever um texto que recebe mais atenção por parte do público e que é lido linha por linha, sem que o leitor canse. Vou adaptá-lo aqui para mostrar uma melhor forma de escrever copy, usando parágrafos curtos, intertítulos que contam histórias e mais alguns elementos que fazem toda a diferença. Acompanhe!

Antes de mostrar a você como vender com um texto para a web, vamos ver algo que boa parte da concorrência ignora.

Deixe-me mostrar como escrever para que o seu conteúdo seja...

Devorado por seus leitores!

Confira este artigo aqui, por exemplo...

Ignore os parágrafos por um minuto e perceba como ele passeia nos seus olhos.

Como você pode ver, este é um texto fácil de ler, é direto ao ponto, tem frases curtas e...

Tem parágrafos curtos.

É assim que os americanos fazem, é assim que eu venho fazendo em textos de conversão e é assim que estou ensinando minha equipe a fazer.

E isso é realmente importante, porque nosso olho primeiro escaneia a página e diz para nosso cérebro:

"Ei! Isso é fácil de ler!"

E o nosso cérebro, por sua vez, decide verificar isso.

Outra coisa legal sobre este artigo é que está contando duas histórias ao mesmo tempo. Como? É simples.

Estes intertítulos contam uma história própria!

Tente lê-los isoladamente.

Sim, vá até o topo do post e leia apenas os intertítulos.

Você poderá obter uma "imagem" completa sobre o que estou falando aqui, apenas "escaneando", sem realmente ler o texto todo.

É uma técnica chamada "caminho duplo do leitor " que eu aprendi com o Frank Kern, que aprendeu com o Dan Kennedy.

A razão pela qual isso é importante é clara:

Todo mundo escaneia mesmo a página antes de se comprometer a ler!

Isso é totalmente normal, a pessoa rola a "bolinha" do mouse ou o touch do celular para verificar se a página tem mesmo o que ela quer.

Desse modo, o título e os intertítulos devem dizer a elas: "Aqui tem o que você busca ou precisa!".

Então, o que realmente está acontecendo é...

Os subtítulos vendem a ideia da página inteira para o cérebro do leitor.

Muito legal isso, não é?

Veja como isso é fácil de ler!

Se você está apenas escaneando a página, você ainda terá uma ideia do que se trata.

E aqui está outra coisa sobre artigos desse tipo.

Veja, a mensagem não é realmente sobre "escrever textos para a web".

Em vez disso,

Este artigo é sobre você!

E mais especificamente, é sobre você influenciar mais pessoas criando conteúdo que é fácil de consumir.

Afinal, se as pessoas realmente não leem o que você está colocando no seu blog, como eles podem aprender sobre todos os benefícios que você tem para oferecer?

Então, agora que você sabe como as pessoas vão ler melhor os seus textos, vou te mostrar:

5 maneiras de como criar artigos poderosos que convertam mais

1 – Primeiro, certifique-se de que tudo é para o leitor!

Veja bem, tanto quanto queremos que os leitores sejam fascinados por nós, nossa história e nosso conteúdo, o fato é que eles não se importam com isso.

Eles se preocupam com eles mesmos, então, tudo o que você escreve precisa sempre "amarrar" o assunto de forma que possa ajudá-los.

2 – Ainda mais importante do que ELES, são os RESULTADOS que eles buscam.

Por exemplo, se este artigo fosse sobre mim e quão grande redator eu sou, você iria embora, certo?

E se eu escrevi tudo aqui sobre você e como você precisa escrever artigos que convertem, você poderia até se animar de ler mais um pouco...

Mas, em última análise, você abandonaria o texto porque ainda não é o que te interessa, de fato.

Você ainda está aqui por uma razão: estamos tratando dos resultados que você pode gerar no seu blog.

Especificamente, estamos falando sobre como influenciar pessoas com seu conteúdo.

Aplicar isso leva às vendas, e as vendas levam ao dinheiro.

E é isso que você quer, não é mesmo?

3 – Use as palavras mágicas: "Assim você pode"

Todo mundo vive dizendo que quando se trata de escrever sobre produtos, você precisa explorar tudo sobre os recursos e características.

Balela.

Ignore isso.

Se você quer realmente vender, você precisa explicar como o benefício se relaciona diretamente com os resultados que seus leitores desejam ter.

O padrão "assim você pode" é perfeito para te ajudar com isso.

Aqui está uma frase de exemplo que eu mesmo uso aqui no site:

"Enquanto eu escrevo pelos seus resultados, você cuida do seu negócio".

Repare como por trás do que é dito, eu mostro ao potencial cliente que enquanto eu produzo os textos dele, ele pode cuidar de outras coisas do negócio.

É como se eu dissesse: eu vou fazer tudo o que você precisa, assim você pode se dedicar ao que realmente lhe cabe.

4 – Combata as objeções de frente.

A melhor abordagem é o padrão de linguagem "você pode estar se perguntando".

Funciona assim:

Primeiro, você identifica a principal objeção.

Digamos que você está vendendo um curso sobre empreender na internet e a principal objeção do lead é que ele acha que será muito difícil configurar o site e todas as ferramentas necessárias.

O próximo passo é abordar esta objeção enquadrando-a como uma pergunta que ele poderia ter:

Você pode estar se perguntando como vai conseguir configurar tudo se não tem a mínima noção de programação.

Agora é hora de responder a essa pergunta:

Eu sei exatamente como você se sente. Na verdade, senti o mesmo quando comecei!

E até recentemente eu sofria muito com isso. Na verdade, acho até que foi pior do que com a maioria das pessoas.

Mas há alguns meses, encontrei uma maneira simples de criar meus sites e blogs.

Daí entregue a solução.

5 – Diga ao leitor o que fazer em seguida

Tudo o que você escreve ou publica deve ter um resultado final desejado que beneficia você e o leitor.

Pode ser fazer uma venda, pode ser obter os dados do visitante ou talvez você apenas queira que as pessoas comentem abaixo do texto.

Seja o que for, você precisa explicitamente dizer a eles o que fazer e por quê.

Por exemplo:

Agora que você já conheceu todas as vantagens da Lead Lovers, que tal conhecer a página oficial da Ferramenta? Acesse por aqui!

Por que eu escrevi este artigo para você?

O principal motivo foi para mostrar como criar textos realmente atraentes e lucrativos.

> Se você seguir estas etapas, poderá lançar textos poderosos que agradam o seu leitor ao mesmo tempo que geram visibilidade, engajamento e conversão.
>
> Espero que você tenha gostado!
>
> PS.: E se você quiser saber mais sobre os meus serviços como produtor de conteúdo, apenas envie uma mensagem para o meu WhatsApp: XX XXXXX-XXXX. Esse é o meu número pessoal. Só me adicionar pra gente bater um papo sobre o seu projeto.
>
> *Artigo inspirado em Frank Kern.

Reparou como o texto foi dinâmico e persuasivo? Assim devem ser seu copy. Não se esqueça: sentenças curtas, ritmo, intertítulos que contam uma história própria e argumentos que destroem as objeções que o leitor possa ter. O contexto do artigo é conteúdo para blog, mas pode ser completamente adaptado para um texto de página de conversão ou carta de vendas.

A CHAMADA PARA AÇÃO

"Passar das palavras aos atos é uma questão de atitude."
— *Alguém, em algum lugar do tempo.*

Se você observar, verá que diariamente somos impactados por diferentes chamadas em diversos ambientes. "Empurre"; "Aberto"; "Entre, Ar Condicionado"; "Sorria, você está sendo filmado"; "Puxe!"; "Acione o botão". Até mesmo a luz verde em um semáforo diz que você deve fazer algo. Todas essas sinalizações existem para indicar o que devemos fazer naquele contexto ou como interagir com determinado objeto.

Com o copywriting não é diferente. É preciso dizer exatamente ao potencial cliente o que ele deve fazer. E nesse contexto, não poderia deixar de reforçar a importância do Call-to-Action.. Trata-se de um item essencial para quem precisa garantir conversão e vendas recorrentes na internet. Dei uma pincelada em capítulos anteriores, mas agora vamos ver em termos práticos como criar um CTA poderoso.

No marketing, um Call-to-Action significa "Chamada Para Ação". Geralmente são palavras e frases com links de uma página que levam os usuários a tomar uma atitude, ou seja, realizar uma ação. O principal objetivo é direcioná-los a um local e conversão, como uma Página de Captura, Página de Vendas ou de *Checkout*, por exemplo. Normalmente essas chamadas são representadas por botões, imagens ou hiperlinks. Um exemplo simples:

> **Faça sua inscrição agora!**

Na área de copywriting, o termo é muito utilizado, estando presente em todo processo de venda, auxiliando na conversão do visitante cliente. Para que seu copy converta, o uso do Call-to-Action se faz essencial. Uma das principais razões pelas quais a maioria dos textos de copy e páginas de vendas não converte é devido a um call-to-action fraco. E para te ajudar a evitar isso, vamos conferir algumas boas ideias e práticas.

CONTEXTO

Um CTA jamais deve vir sozinho, fora de contexto. Ele deve resumir, em poucas palavras, a proposta de valor da oferta e dizer o que vai acontecer depois da ação. É importante que os elementos do copy "falem" a mesma língua e sejam convergentes para convencer o visitante a realizar determinada ação.

Parece algo complicado, mas não é. Uma carta de vendas antiga muito famosa, cujo autor eu desconheço, apresentava a seguinte chamada:

> ** para pedir os jornais especiais mostrados na página 4 na coluna da direita, ligue para 222-222-2222 e pergunte pela Janet, para verificar a disponibilidade pelo número do item.

Repare: a pessoa sabe exatamente o que precisa fazer: ligar e perguntar pela Janete para verificar a disponibilidade dos jornais bicentenários. E isso foi colocado dentro de um contexto, após a mensagem ter sido devidamente passada. No texto que antecede a chamada, foram colocadas frases, como: "Sim! Eu quero aproveitar e receber os jornais bicentenários de 1789 descritos neste relatório" e "Entendo que posso pedir qualquer exemplar dos jornais de 1789 listados abaixo e pagar apenas US$ 840 (em vez de US$ 1,050) grampeados mas não enquadrados – e US$ 1,020 enquadrado (em vez de US$ 1,275)".

ESPECIFICIDADE

"Mais de 120 mil casas foram construídas pelo programa X"; "Até o mês de novembro, 109.155 pessoas foram beneficiadas pelo nosso programa de governo". Por que alguns políticos fazem questão de decorar os mais diversos números de ações governamentais?

A especificidade passa uma ideia de domínio do assunto, dando mais credibilidade ao discurso de quem aposta nesse recurso. A regra da especificidade é muitas vezes o recurso perfeito para a conversão, porque quando você é específico, ativa a curiosidade, dando detalhes sobre sua solução. Você remove objeções e constrói autoridade.

Portanto, esqueça aqueles textos-âncora genéricos como "Clique aqui" e "Compre". Isso está mais do que batido e tende a converter cada vez menos. Algo mais específico seria: "Faça sua inscrição agora e receba 37% de desconto" ou "Clique aqui para garantir uma das 9 vagas no treinamento X".

Se você espera que o leitor realize uma ação, deixe clara qual é. Além disso, indique para o usuário exatamente sobre o que a oferta trata. Use, por exemplo, "Garanta aqui o seu e-book" ou "Receba um orçamento por e-mail".

VERBOS

Você pode usar verbos no imperativo ("faça sua inscrição") ou no infinitivo ("fazer inscrição"). Particularmente, gosto de usar verbos no imperativo. Mas dependendo da situação, uso também no infinitivo.

O ideal é testar ambas as opções em diferentes contextos para descobrir o que funciona melhor. Aliás, sempre é bom testar tudo o que for possível quando o assunto é marketing e copywriting.

É AGORA OU VAI ACABAR

Os princípios da "urgência" e da "escassez" costumam gerar bastante resultados em conversão em vendas se forem bem aplicados. Chamadas que incluem palavras como "Agora", "Já" ou "Hoje" influenciam ações imediatas.

A urgência é usada há centenas de anos com todos os tipos de pessoas: desde um simples pai de família até um presidente da república. Segundo Robert Cialdini, as pessoas agem movidas pela urgência porque são mais sensíveis a possíveis perdas do que ganhos.

Falando sobre escassez, podemos tratar especificamente de 4 tipos. São eles:

1. **A escassez de tempo.** "Vai acabar amanhã, por isso você precisa correr e tomar logo a sua decisão".
2. **A escassez de lote.** "Após as 100 primeiras vendas no primeiro lote, o preço vai subir e passar para o segundo lote".
3. **A escassez de bônus.** Você oferece um tipo de bônus ou algo a mais para a pessoa que comprar naquele período ou durante um determinado período ou uma quantidade específica.
4. **A escassez de vagas:** "Só existem X número de vagas e quando acabar, você perdeu".

Uma compreensão fundamental na utilização da escassez nas chamadas (ou em qualquer outro momento do copy), não é só o fato de estimular a urgência, mas porque os seres humanos, principalmente os adultos, são procrastinadores por natureza. Por isso a utilização da escassez impulsiona a ação de uma forma muito maior. Levando a pessoa a tomar uma decisão que normalmente seria adiada e assim ela acabaria perdendo realmente a oportunidade da transformação proporcionada pelo produto ou serviço oferecido.

Enfim, criar um Call-to-Action atrativo e eficiente pode melhorar a conversão de seu copywriting de maneira considerável. A dica final que fica é pesquisar bastante antes de criar seus CTAs. Procure referências, olhe páginas de empresas que você admira, veja o que os grandes players de otimização da conversão estão fazendo.

Analise também os e-mails, mídias sociais e anúncios dessas empresas. Não se esqueça de, ao fazer suas pesquisas, olhar por uma ótica crítica, pensando nas etapas do AIDA, na proposta de valor do produto, nos elementos que estão em volta do CTA *et cetera*.

Mãos à obra!

APRENDENDO COM O GÊNIO, SEM INTERROGAÇÃO

"Se não vende, não é criativo."
— *David Ogilvy*

Para fechar esta seção do livro, compartilho um pouco dos ensinamentos de um dos mestres da comunicação para quem deseja escrever um bom copywriting.

David Ogilvy foi um dos profissionais mais criativos e influentes de todos os tempos. Só para você ter ideia, minha visão de negócios e escrita mudou radicalmente quando conheci o trabalho de Ogilvy, principalmente através do livro "Confissões de um Publicitário".

Segundo o publicitário brasileiro Washington Olivetto, Ogilvy conseguiu atingir um alto grau criativo e se destacou como um homem de negócios agressivo, sem perder a elegância e a ética. Sua forma de pensar e conduzir grandes campanhas era primorosa e formou uma das escolas mais significativas da história do marketing.

David Ogilvy nasceu em 23 de junho de 1911 em West Horsley, Surrey, na Inglaterra. Sua mãe era Dorothy Blew Fairfield, filha de Arthur Rowan Fairfield, um funcionário público da Irlanda. Seu pai, Francis John

Longley Ogilvy, nasceu na Argentina e era um autodidata falante gaélico, um estudioso de clássicos e corretor financeiro fracassado.

Ogilvy foi educado nos colégios "St. Cyprian's School", em Eastbourne, com taxas reduzidas devido às circunstâncias difíceis que seu pai havia passado. E ganhou uma bolsa de estudos aos 13 anos de idade no Fettes College, em Edimburgo. Sabe-se que os estudos de Ogilvy não tiveram muito sucesso e por isso, em 1931, ele decidiu se tornar aprendiz de chef de cozinha em Paris.

Um ano depois foi para Escócia e começou a atuar como vendedor de fogões de porta em porta. Nessa época, seu patrão pediu que ele escrevesse um manual de instruções para os outros vendedores: "The Theory and Practice of Selling the AGA Cooker". Trinta anos depois, os editores da revista Fortune o consideravam o melhor manual de instruções de vendas já escrito.

Foi esse manual de instruções que abriu as portas para ele trabalhar como redator numa agência de publicidade, por indicação de seu irmão. Trabalhando nessa agência, mandaram-no, por um ano, trabalhar para o "Audience Research Institute", de George Gallup (criador de um método estatístico bem-sucedido de amostragem de pesquisas para medir a opinião pública).

Durante a Segunda Guerra Mundial, Ogilvy trabalhou para o Serviço Britânico de Inteligência. Lá ele analisou e fez recomendações sobre assuntos de diplomacia e segurança. De acordo com biógrafos, "ele extrapolou seu conhecimento do comportamento humano do consumismo para o nacionalismo em um relatório que sugeriu 'aplicar a técnica Gallup em campos de inteligência secreta'."

Quando a guerra terminou, Ogilvy fundou uma das mais famosas agências do mundo, a "Ogilvy & Mather". Ogilvy atribuía o sucesso de suas campanhas à pesquisa meticulosa sobre hábitos de consumo. Usou na publicidade muito do que aprendeu na época que atuou com o serviço secreto.

Atualmente, Ogilvy é amplamente aclamado como "O pai da propaganda moderna". Em 1962, a Revista Time o chamou de "O mago mais procurado na indústria de publicidade". Quando a Fortune publicou um artigo a seu respeito e o intitulou "David Ogilvy é um Gênio?", ele pediu que seu advogado processasse a revista pelo ponto de interrogação.

Sobre esse seu lado firme, Ogilvy destacava que sua arrogância era seletiva. "Sou miseravelmente medíocre em tudo" – dizia – "*exceto* em publicidade. Não consigo ler um balanço, não consigo trabalhar num computador, esquiar, velejar, jogar golfe ou pintar. Mas, quando se trata de publicidade, a *Adversiting Age* diz que sou "O Rei Criativo da Publicidade"."

Ogilvy abre o livro "Confissões de um Publicitário" com a frase: "Uma vez vendedor, sempre vendedor", fazendo menção ao fato de sempre valorizar as vendas, algo que aprendeu na época que vendia fogões de porta em porta. David Ogilvy também usou toda a sua experiência em vendas diretas na área de publicidade. Ele aconselhava seus homens a escreverem anúncios que vendiam e não que pensassem em ganhar prêmios.

"Acredite no que você vende", afirmava o gênio. "O produto deve ser algo que nos orgulhemos de anunciar. Nas raras ocasiões que anunciamos produtos de que particularmente não gostávamos, fracassamos. Um advogado pode ser capaz de defender um assassino que sabe ser culpado; um cirurgião pode sentir-se capaz de operar um homem de quem não gosta; mas a isenção não funciona na comunicação. Um certo grau de comprometimento pessoal é exigido para que um redator possa vender o produto".

Sobre o tratamento com clientes, Ogilvy usava a seguinte analogia: "O cliente não é idiota, é sua esposa". "Você está insultando sua inteligência se acredita que, com um lindo logotipo e um par de adjetivos insossos vai convencê-la a comprar. Ela quer toda a informação que você pode lhe dar". Na mesma linha, também aconselhou: "Nunca escreva um anúncio que você não gostaria que sua família lesse. Você não contaria mentiras para a sua própria esposa. Não conte para minha".

Ogilvy tem outros ensinamentos valiosos para a escrita de copywriting:

1. "Se você está anunciando um produto que tem muitas e diferentes qualidades, escreva um texto longo. Quanto mais você diz, mais você vende".
2. "Um bom texto não pode ser escrito de má vontade, apenas como forma de ganhar a vida. Você tem que acreditar no produto".
3. "No mundo moderno dos negócios é inútil ser um pensador criativo e original, a menos que você também saiba vender o que cria".
4. "A maioria das campanhas que levaram marcas à fama e à fortuna surgiu da parceria entre um redator talentoso e um cliente inspirador".
5. "As normas existem para a obediência dos tolos e a orientação dos sábios".

No livro "A Arte De Escrever Para A Web", compartilho "10 conselhos para ser um redator altamente criativo" dados por Ogilvy. Vale repetir aqui:

1. Escreva da maneira como você fala. Naturalmente.
2. Use palavras curtas, sentenças curtas e parágrafos curtos.
3. Nunca use jargões. Eles são características de um burro pretensioso.
4. Nunca escreva mais de duas páginas sobre qualquer assunto. (Falando sobre impressos).
5. Nunca envie um texto para o cliente no mesmo dia. Leia em voz alta na manhã seguinte ao dia da produção e edite-o.
6. Se é um trabalho bastante importante, peça para um colega ler, analisar e melhorá-lo.
7. Antes de enviar seu texto, verifique se ele é cristalino e se mostra com clareza o que o alvo precisa fazer.
8. Estude o produto antes de criar a campanha.
9. Editores de revistas são melhores comunicadores que os publicitários. Copie suas técnicas.
10. O que você diz é mais importante do que como você o diz.

Meu amigo Ícaro de Carvalho me disse certa vez: "Não é suficiente ler David Ogilvy, é preciso entender David Ogilvy". Bem, estou há algum tempo tentando fazer isso. Assim como outros gênios do marketing e da comunicação, é preciso bastante dedicação para chegar a algum entendimento plausível sobre sua forma de pensar. Não é fácil, mas a tentativa vale.

PARTE 4

RAÍZES

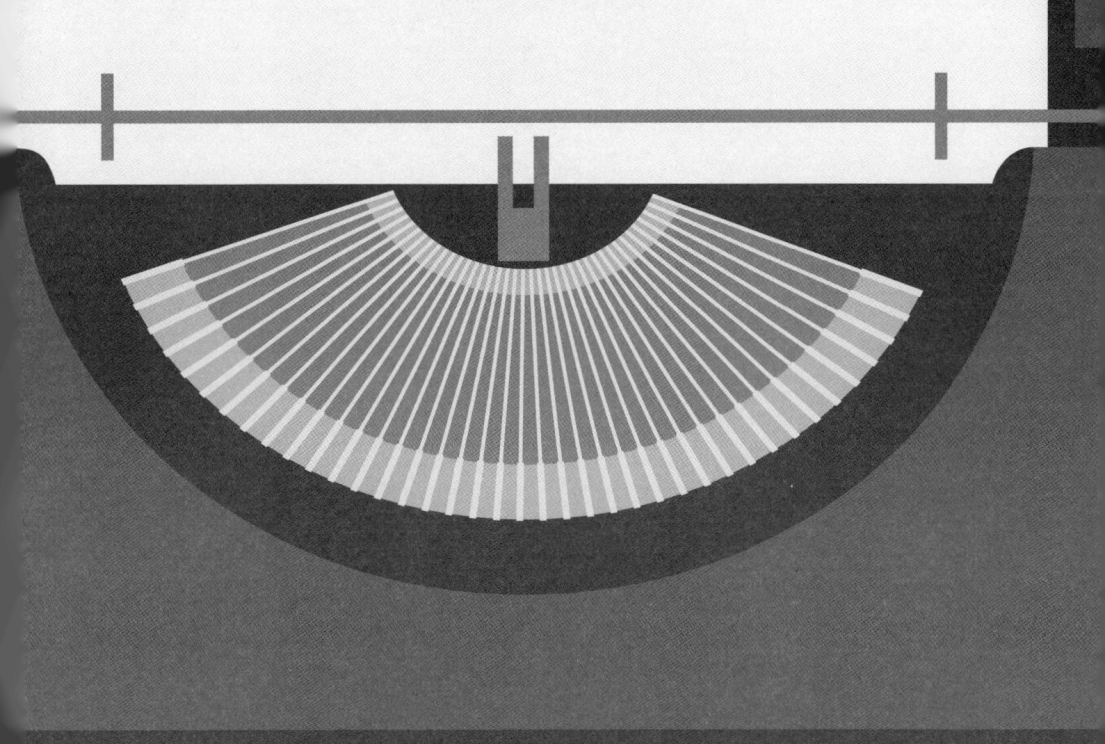

PERSUASÃO

"Para persuadirmos, muitas vezes a palavra é
mais funcional do que o ouro."
— *Demócrito*

O que você sente quando ouve falar em persuasão? Você se sente confortável com a ideia de poder persuadir o maior número de pessoas possível? Qual é o seu medo em relação a isso? Que crença você alimenta sobre o poder da persuasão?

Para um grande número de pessoas, a palavra "persuasão" soa como uma atitude duvidosa, que visa enganar uma pessoa para que ela tome decisões impensadas. Bem, é verdade que a persuasão surte um efeito de influência nas tomadas de decisões de outras pessoas. Mas persuasão não é sinônimo de coerção ou mentira.

Com certeza você, caro leitor, também já recorreu (e ainda recorrerá) à persuasão na sua vida. Na verdade, o ato de persuadir é inerente às necessidades do nosso cotidiano social. Um jovem adolescente que pede consentimento aos pais para sair com os amigos usa o poder da persuasão para tal. Um cônjuge que busca a concordância do outro em planos da vida a dois, apresentando seus pontos de vista está, de certa forma, persuadindo. Um pai que aconselha o filho sobre os motivos pelos quais ele deveria ter um trabalho também está persuadindo.

A persuasão passou a ser necessária quando o homem percebeu que existe uma rede de interdependências entre indivíduos para realizar objetivos pretendidos. Persuadir é levar outra pessoa a aceitar uma dada ideia, de maneira que ela adote certos comportamentos que resultem em um determinado resultado almejado.

O discurso persuasivo é um fenômeno linguístico que acontece na cabeça de qualquer ser humano. Temos a necessidade intelectual de persuadir e ser persuadido. Bacana, não é? Sim, mas não pare por aqui. Este capítulo vai abrir um pouco sua mente sobre o assunto.

PLURALIDADE DE IDEIAS

Para que a persuasão aconteça deve existir, necessariamente, a livre circulação de ideias. Em um regime de censura de ideias, como por exemplo uma ditadura militar ou política, é contraditório falar em persuasão.

A persuasão só é possível quando existir ideias em choque, e isso pode até ser interpretado como sinal de desenvolvimento humano. Pois se não há diversidade de mensagens, não é possível que os discursos nem mesmo cheguem a uma fase persuasiva. É apenas imposição.

A persuasão só se faz necessária quando é preciso convencer pessoas através de seus livres consentimentos. Não é à toa que o estudo aprofundado sobre o discurso persuasivo nasceu na sociedade democrática grega. A natureza democrática da Grécia criou uma forte necessidade em algumas classes sociais de se elaborar boas argumentações para conquistar votos de apoio.

O exercício do poder pela palavra, e não apenas pela imposição, trouxe a necessidade de sistematizar e refletir sobre os mecanismos de linguagem. Logo surgiu o estudo da linguagem discursiva como uma instância de grande sabedoria.

Apesar de grandes pensadores, como Sócrates e Platão, já terem tratado sobre estruturas discursivas, foi Aristóteles quem estudou com profundidade o assunto. Foi ele quem escreveu "Arte Retórica", uma obra que é um conjunto de três livros que detalham a formas compositivas do discurso.

A obra sintetizou e sistematizou o conjunto de visões que se acumulavam sobre estudos retóricos. Além disso, se tornou um verdadeiro guia dos modos de se fazer discursos persuasivos. O conjunto de ensinamentos de "Arte Retórica" pode ser considerado ainda como um tratado com normas e regras que buscam saber o que é e como se faz o processo persuasivo. Ou seja, persuasão não surgiu com aquele *guru de internet marketing*...

RETÓRICA X PERSUASÃO

Para Aristóteles, era muito claro que existe uma forte distinção entre ambas. A persuasão em si é um fenômeno linguístico que, quando dominado, pode se tornar uma poderosa habilidade interpessoal, conferindo capacidade a um indivíduo de influenciar pessoas com suas ideias.

Já a retórica é uma ciência que disseca analiticamente os discursos que podem gerar persuasão em cada caso diferente. Portanto a retórica não é a persuasão em si, mas sim uma análise de como persuadir. A persuasão pode também ser vista como uma habilidade que envolve questões éticas.

Já a retórica tem caráter estritamente analítico, que estuda como algo está sendo dito e se o está sendo feito de maneira eficiente. E, nesse caso, a eficiência está no domínio dos processos, instâncias e formas de argumentação de uma determinada ideia.

Não abro mão do poder da persuasão em minha estratégia de marketing. Meu objetivo tem sido tornar a persuasão tão natural, que fique evidente em tudo: na forma como eu falo ou ando, na maneira como escrevo meus artigos e livros, nas palestras que faço ou nos vídeos que gravo.

MAGDA

Certa vez, num café da tarde com uma amiga, ouvi uma história que me chamou muito a atenção. Ela me contou sobre o caso de sua prima, chamada Magda, que passava por uma situação moralmente delicada. Magda estava perdidamente apaixonada por um rapaz. Após muito tempo sozinha, acreditava que tinha encontrado o par perfeito.

A moça estava encantada com as flores que recebia, com os presentes pomposos e todo o cortejo do amante. Acontece que minha amiga (prima da moça) conhecia aquele rapaz, e sabia que não era "flor que se cheirasse". Quem não sabia disso era Magda. O rapaz era mulherengo e tinha fama de conquistador.

Pintava para Magda a imagem de um companheiro carinhoso e dedicado. Mas o cafajeste só o fazia para ter suas noites garantidas. Ele só se fazia presente em momentos que lhe convinha, se é que você me entende. Mas quando a moça precisava apenas de companhia e apoio emocional, ele nunca estava disponível.

Minha amiga tentou alertar Magda sobre o caráter duvidoso do rapaz, mas seus conselhos foram rechaçados pela moça que estava cega de paixão. Percebendo que o confrontamento direto era improdutivo, minha amiga teve outra ideia. Fez a seguinte sugestão à Magda: "Eu entendo que você o ama. Mas sou sua prima, também amo você e me preocupo com a sua felicidade. Peço que me dê um voto de confiança, e faça o que vou sugerir como teste. Mande uma mensagem a ele, e diga que você descobriu que está grávida e que hoje mesmo precisa muito se encontrar com ele. Caso ele vá até você no mesmo dia para conversar e te apoiar, eu nunca mais falarei nada sobre ele. Mas se ele não aparecer, você saberá que ele não se importa com você".

Assim Magda o fez. Deu um voto de confiança à prima, pois seu argumento sobre se preocupar com sua felicidade lhe impactou muito. Mandou a mensagem, como sugeriu sua prima… O rapaz não respondeu… Nem atendeu as ligações de Magda. Ela ficou arrasada. Não conseguia acreditar em como havia sido tão tola em acreditar naquele traste.

A verdade era que Magda, antes de conhecer o rapaz, estava há um bom tempo sozinha e sentia-se carente. Quando o conheceu, o sujeito identificou a carência dela e quis se aproveitar da situação. Usava um comportamento artificial para alimentar a carência da moça, fingindo ser carinhoso. Em um sentimento de reciprocidade inconsciente, Magda fazia literalmente de tudo para agradar o rapaz.

O lado emocional de Magda a impedia de enxergar a verdade, mesmo quando a sua própria prima lhe alertava sobre a realidade. Para quebrar o encanto, a amiga teve que recorrer a uma argumentação que lhe desse uma brecha para que Magda aceitasse uma nova ideia: a de que o rapaz não a amava. Portanto usou o seu amor e seu laço familiar com Magda para atingir o seu lado emocional, e persuadi-la da verdade. Foi doloroso para Magda, mas foi o melhor para ela.

PONTES

Assim como a Magda, existem milhões de pessoas que têm um problema mas não sabem que o têm. Muitas vezes até sabem, mas não querem admitir. Outras pessoas sabem que têm determinado problema, e buscam pela melhor solução possível, de preferência a que seja mais vantajosa.

E, assim como o rapaz que iludiu a Magda, existem por aí uma infinidade de charlatões que querem se aproveitar das necessidades alheias. Caso você tenha uma solução que realmente pode trazer benefícios para a vida das pessoas, é sua obrigação moral apresentar isso a elas. Bato sempre nessa tecla.

Entretanto, mesmo que a sua solução seja benevolente, não serão todos que entenderão isso de imediato. Você precisará argumentar por que a sua solução pode ajudá-los. E a sua persuasão deverá ter uma estrutura eficiente, pois estará concorrendo com a de charlatões e enganadores. Portanto, para ajudar o maior número de pessoas possível, você precisa usar o poder da persuasão.

Seja um persuasor do bem, o mundo precisa de mais pessoas assim.

OS GATILHOS MENTAIS

> "A arte da persuasão ultrapassa todas as outras, e é de muito a melhor, pois ela faz de todas as coisas suas escravas por submissão espontânea e não por violência."
>
> — *Górgias*

Seja você um empreendedor, um pequeno empresário, um redator ou se trabalha no setor de vendas, usa internet para vender, provavelmente já ouviu falar sobre gatilhos mentais. Mas talvez você ainda não tenha entendido exatamente o que eles são.

Há uma certa confusão no mercado digital sobre este assunto. E boa parte da responsabilidade disso é de muitos pseudo-gurus que vendem o conceito de gatilhos mentais como sendo copywriting propriamente dita. Aliás, se essa ideia ronda a sua mente, preste atenção: esqueça isso agora.

Como você já compreendeu neste livro, copywriting é muito mais que gatilhos mentais. Na verdade, os gatilhos mentais são recursos que ajudam a compor um discurso persuasivo, junto com outros elementos de comunicação.

"Gatilho mental" é uma expressão que se popularizou para se referir a um conjunto de princípios psicológicos inconscientes que exercem muita influência nas tomadas de decisão de uma pessoa. O termo "gatilhos mentais" começou a ser utilizado a partir do trabalho do professor, pesquisador e escritor Robert B. Cialdini, que atua no campo de psicologia da persuasão e marketing.

Em 2001, Cialdini publicou o seu best-seller "Influence: Science and Pratice", que em português foi lançado com o título de "As Armas da Persuasão". Neste livro, ele descreve detalhadamente uma série de pesquisas que fez para entender algo muito interessante sobre o comportamento humano: existem princípios psicológicos que levam as pessoas a concordar com uma determinada solicitação, sem passar por um raciocínio crítico minucioso.

O que isso quer dizer? Que, por mais racionais e inteligentes que nos consideremos como espécie animal, existem "atalhos cerebrais" incrustados na nossa mente que nos fazem tomar decisões de maneira inconsciente.

A MÃE PERUA

Deixe que uma mãe perua te explique o que são gatilhos mentais... A perua (o bicho, não o carro) é uma mãe bastante dedicada, mas ela tem um pequeno "defeito". A perua mãe presta mais atenção e cuidados aos filhotes que piam. Outras características, como o cheiro e a aparência, podem até passar despercebidas para ela. Se o filhote não piar, as chances de ser esquecido pela mãe são maiores. Imagine.

Ela tem muitos peruzinhos para cuidar de uma vez só, e fica difícil para um cérebro de um animal como o peru administrar tantas demandas de atenção de uma vez só. Dessa forma, o cérebro da mãe perua encontrou uma maneira de se adaptar a isso. O estímulo sonoro da piada dos filhotes é o fator comunicativo decisório nas tomadas de decisões da mãe perua. E é justamente aí que está o gatilho...

Observando esse comportamento da mãe perua, o pesquisador etologista da Universidade de Minnesota, M.W. Fox, resolveu pregar uma peça na mãe perua. O cientista sabia que a doninha, predador natural de perus filhotes, causa a reação de ataque ao ser avistada pela mãe perua. Ele amarrou um fio de barbante na doninha empalhada, e foi aproximando-a de uma mãe perua e de seus filhotes. Ao avistá-la, a mãe perua atacou a doninha empalhada com bicadas e unhadas.

Então ele pensou em esconder um pequeno gravador na doninha, que ficava reproduzindo o mesmo som do piar dos filhotes da perua. Repetiu o procedimento: amarrou o barbante na doninha, aproximou-a da mãe perua e seus filhotes, mas agora com o gravador tocando o piar. A mãe perua não só deixou de atacar, como acolheu a doninha empalhada debaixo de tuas asas.

Mais interessante ainda é saber que, ao desligar a gravação, a mãe perua mudava seu comportamento automaticamente, e atacava ferozmente a doninha empalhada. Curioso, não? Em essência, isso nos ajuda a entender os princípios da persuasão e como um gatilho mental é acionado em nossa mente.

O cérebro é uma máquina de sobrevivência, não importa de qual animal seja. A mãe perua, por exemplo, tem um cérebro muito pequeno e uma estrutura menos evoluída para processar uma certa quantidade de informação. Processar informações significa, para o cérebro, gastar tempo e energia. Em tempos primitivos, isso poderia significar a morte. Para driblar isso, o cérebro encontra formas de "catalogar" informações e o que elas representam. E, com isso, tomar decisões automáticas todas as vezes que tais informações forem identificadas.

É como se fosse uma espécie de jurisprudência primitiva que desenvolvemos em nossas mentes. O homem das cavernas pode explicar isso melhor que eu. Imagine na pré-história, onde existiam feras que devoravam um adulto por inteiro. Pense quando o homem ouviu pela primeira vez o rugido de um animal feroz. Sem saber o que era aquilo, pode até mesmo ter ficado curioso... e com isso, muita gente foi devorada.

Com o tempo, o cérebro humano passou a entender que, quando ouvisse um rugido, deveria correr pela sua vida. Tudo era perigoso. E, como diz o Kronc, personagem da animação "Os Croods", o medo era o que os fazia sobreviver.

PADRÕES FIXOS DE AÇÃO

Tanto a reação da mãe perua ao afagar a doninha empalhada com as suas asas, quanto a do homem primitivo de correr ao ouvir um rugido, tem um nome: "padrões fixos de ação". São padrões de comportamentos automáticos que são desencadeados a partir de um pequeno aspecto de um contexto.

Por exemplo, imagine que você vê uma criança tomando um tombo. Pode ser seu filho, seu sobrinho, seu irmão caçula. Se a criança se levanta chorando, você irá até ela para confortá-la, ou algo do tipo. Mas se ela se levanta chorando, e de longe você avista uma mancha vermelha em sua pele, provavelmente você correrá até a criança para socorrê-la, acreditando ser sangue.

E, inclusive, isso pode fazer você cair numa pegadinha de uma criança travessa (como já eu mesmo fiz quando moleque), que se suja de ketchup para fingir que está machucada. Numa situação de risco físico (mesmo que simulado), a cor vermelha na pele de alguém pode desencadear o senso de urgência e o ímpeto de correr em socorro.

E por que precisamos dos padrões fixos de ação? Pelo mesmo motivo da mãe perua, e de todos os outros animais: para facilitar as tomadas de decisões no dia a dia. Apesar de termos capacidades cerebrais absurdamente superiores para processar informações do ambiente que nos circunda, a parte primitiva do nosso cérebro continua buscando maneiras de economizar tempo e energia para sobreviver.

Ou seja, o nosso cérebro cria atalhos para tomar decisões, de acordo com experiências reincidentes. Sim, é claro que o cérebro humano evoluiu ao longo dos milênios, e temos uma "máquina" mais avançada que a do homem das cavernas. Mas, em contrapartida, com a nossa evolução intelectual, também criamos um mundo mais complexo para se viver. E com isso, a quantidade de informações a serem processadas aumentou muito.

As relações sociais, sobretudo, ficaram mais dinâmicas e complexas ao longo dos milênios. Produzimos tanta informação que superamos nossa capacidade mental de processar tudo. Quando não temos tempo, energia e conhecimento para analisar todas as informações disponíveis sobre uma determinada decisão, recorremos aos padrões fixos de ação, mesmo sem saber disso.

Esses padrões são compostos por estereótipos e regras sociais gerais que absorvemos, inconscientemente, ao longo da nossa evolução. Eles são importantes no nosso cotidiano, pois sem esses gatilhos gastaríamos muito tempo de nossas vidas analisando criteriosamente cada decisão, por menor que fosse. Como escovar os dentes, por exemplo.

CROC-BRAIN

Como você pode usar isso para vender mais? Como aplicar isso numa comunicação para torná-la poderosa? Bem, você pode aplicá-lo na sua argumentação de vendas, usando as palavras certas combinadas com estratégias específicas de comunicação.

Veja bem, vender algo significa convencer alguém de uma ideia, que é a de que o seu produto ou serviço é aquilo que essa pessoa precisa. A princípio, pouquíssimas pessoas concordam com a ideia de gastar dinheiro. Agora, pense num debate político entre duas pessoas (que sejam intelectualmente honestas, e que não sejam apegadas à uma ideologia).

Para que um consiga convencer o outro de uma ideia, é necessário uma boa argumentação lógica, pois se trata de construir uma ideia na cabeça do outro. Não vou entrar aqui em detalhes científicos, mas nesse processo ambos estão usando suas mentes racionais.

Então, pelo próprio raciocínio, de certo haverá certas resistências em um acatar a ideia do outro, pois nisso há um processo mental complexo. Mas existe uma maneira de entrar pela "porta dos fundos" do cérebro humano para conseguir o consentimento de alguém a uma dada ideia, como por exemplo, a de comprar um produto. É uma parte primitiva do cérebro, conhecida popularmente como "cérebro reptiliano" (ou *croc-brain*, um nome mais "gourmet" para isso).

Na verdade, é nessa parte do cérebro que acumulamos os "padrões fixos de ação", que desenvolvemos ao longo de nossa evolução. O mais louco de tudo é que isso define a maior parte das decisões na vida de alguém, e a maioria das pessoas nem sabe que isso acontece.

Mas para entrar pela porta dos fundos (no *croc-brain*), você precisa conhecer quais são os princípios psicológicos a serem explorados (que é o que são gatilhos mentais)..

Vamos conhecer os princípios da persuasão descritos por Robert Cialdini, em seu best-seller "As Armas da Persuasão". Essa é uma grande referência sobre psicologia de vendas, e eu recomendo muito que você também leia essa obra sensacional. Não apenas eu, mas também renomados empresários, como Warren Buffet, que certa vez indicou como um dos melhores livros sobre negócios de todos os tempos.

1. O PRINCÍPIO DA RECIPROCIDADE

Este é, certamente, um dos gatilhos mentais mais fortes que guiam nossas tomadas de decisões. É por isso que vamos começar por esse. Ele determina que devemos retribuir com favores e concessões quando alguém nos fez uma cortesia ou favor. Graças à regra da reciprocidade, sentimos uma obrigação inconsciente de retribuição quando somos favorecidos por alguém.

Talvez você possa duvidar da força que isso exerce nas nossas mentes. Mas existe uma explicação muito plausível para esse ser um dos gatilhos mentais mais poderosos. Os antropólogos afirmam que nossos ancestrais necessitaram criar uma rede honrada de obrigações para trocarem recursos e habilidades entre si.

Essas relações se estabeleceram visando ter um ambiente estável para sua sobrevivência e convivência. Isso permitiu a divisão do trabalho, troca de produtos e serviços e uma série de interdependências que conectavam os indivíduos em grupos muito mais eficientes.

Assim se formaram assentamentos, vilas, aldeias, cidades, e assim por diante. Portanto, por muitos milênios, a humanidade foi educada para obedecer a regra da reciprocidade, sob a pena de sanções sociais e menosprezo para quem não cumprir tal regra.

A força dessa regra é gigantesca. A necessidade de não parecer uma pessoa aproveitadora ou parasitária confere à regra da reciprocidade uma força esmagadora para que uma pessoa consinta com alguma solicitação. Nem mesmo existe a necessidade de simpatia com o solicitante para que haja consentimento. Basta ter recebido um presente para despertar no indivíduo a necessidade inconsciente de retribuir.

AMOSTRA GRÁTIS = EXPERIMENTAÇÃO + RECIPROCIDADE

A amostra grátis é um clássico, e tem um longo histórico de eficácia como técnica de marketing. Ao mesmo tempo que expõe o público às qualidades do produto, a amostra grátis também é percebida como um presente.

Dessa maneira, ela também ativa o princípio psicológico da reciprocidade, aumentando muito as chances do consumidor levar uma ou mais unidades daquele produto que experimentou, ou de assinar um serviço após um mês de teste gratuito. Funciona mesmo se você nunca pediu nada. A regra da reciprocidade não exige que tenhamos pedido um presente ou recebido um favor para nos sentirmos na obrigação de retribuir.

Como afirma o antropólogo francês Marcel Mauss, "existe na cultura humana uma obrigação de dar, uma obrigação de receber e uma obrigação de retribuir". É justamente a obrigação de receber que faz da reciprocidade um dos princípios de persuasão mais fáceis de serem explorados.

A regra da reciprocidade pode gerar trocas desproporcionais. A regra permite a quem a aplica escolher a natureza do primeiro *fator gerador de dívida*, e também a natureza da retribuição que quita a dívida.

Existem dois fatores que criam essa condição: uma pressão individual interna e outra pressão social externa. Somos condicionados a nos sentirmos mal quando devemos favores. Desde pequenos somos treinados a sofrer sob o peso da obrigação de retribuir. A necessidade de se livrar desse fardo psicológico é avassaladora.

Além disso, uma pessoa que não cumpre a regra da reciprocidade quando recebe um favor ou presente inicial sofre de certo repúdio do grupo social no qual se insere. Combinando essas duas pressões diferentes, interna e externa, a regra da reciprocidade faz com que muitas vezes retribuamos com um favor maior que aquele que recebemos inicialmente.

Ou seja, o sentimento de culpa é um fator muito presente na regra da reciprocidade, e faz com que muitas vezes percamos a razão completamente.

A PODEROSA TÉCNICA DA PORTA NA CARA

Essa é uma técnica que muitos vendedores de porta a porta usam há décadas, e funciona muito bem. Também é conhecida como "rejeição seguida de recuo", e mexe muito com gatilhos mentais sofisticados. Ela funciona assim:

Suponha que você queira que um amigo concorde com um pedido seu. Uma forma de aumentar sua chance de conseguir é primeiro fazer um pedido maior que provavelmente seu amigo vá rejeitar.

Depois da recusa, como uma forma de ceder a ele, você faz um pedido menor, que na verdade era o pedido que você queria fazer desde o começo.

O seu amigo enxergará o seu segundo pedido como uma concessão sua a ele, e consequentemente sentirá a necessidade de fazer uma concessão também como uma retribuição, acatando assim o seu segundo pedido.

O mais interessante é que essa técnica aumenta muito as chances de alguém aceitar um pedido, por dois motivos: primeiro porque a pessoa entende que definiu os termos da negociação e passa a se sentir mais responsável a cumpri-lo; segundo porque como a pessoa não aceitou o primeiro pedido sente que está em vantagem quando o solicitante recua e faz um segundo pedido menor. Isso lhe dá uma sensação de satisfação por conseguir um acordo mais vantajoso.

2. PRINCÍPIO DO COMPROMISSO E COERÊNCIA

Você confia em pessoas que dizem que vão fazer uma coisa, mas nunca cumprem aquilo que se comprometem a fazer? Pois é, isso é uma característica que realmente destrói a credibilidade das pessoas. É sobre isso que se trata o segundo princípio psicológico da nossa lista de gatilhos mentais.

O princípio do compromisso e coerência se apoia no fenômeno de que, depois que tomamos uma decisão, diversas pressões internas e externas fazem com que nos comportemos de maneira coerente com essa escolha.

Dessa forma, reagimos de maneiras que justifiquem nossas decisões anteriores, num esforço inconsciente de manter coerência. A coerência é um motivador muito forte para as nossas decisões, porque se trata de uma característica valorizada e útil nos meios sociais.

Uma pessoa coerente geralmente é percebida como estável, confiável e inteligente. Ao passo que uma pessoa incoerente é vista como fraca, instável e pouco confiável. A coerência tem uma função muito importante na nossa vida, pois sem ela nossas vidas seriam desconexas e inconstantes.

Através do fundamento da coerência, não precisamos quebrar a cabeça com um determinado assunto depois de uma decisão. Basta agir de forma coerente para não ter que se prender a novas análises sobre essa decisão toda vez que surgir uma informação nova a respeito.

O ponto inicial desse princípio é quando um compromisso é assumido. Para cumprir a honra moral da coerência, todos têm uma tendência natural a ter comportamentos obstinados em direção a um compromisso inicial.

Entretanto, isso pode ser uma armadilha... A coerência muitas vezes age como uma blindagem para não se desfazer de uma decisão já tomada. Ao perceber que certas análises e reflexões podem contradizer uma decisão inicial, nosso cérebro pode optar por ignorar essas informações só para não ter que voltar à estaca zero sobre a avaliação de uma decisão.

Nunca se esqueça que os gatilhos mentais são atalhos que o nosso cérebro usa para tomar decisões, de forma inconsciente. E muitas vezes isso pode causar uma tremenda autossabotagem.

A SOFISTICADA TÉCNICA DO PÉ NA PORTA

Esta é outra técnica muito utilizada por vendedores que conhecem gatilhos mentais muito bem. O fundamento da coerência pode ser explorado de forma gradativa, iniciando com um compromisso insignificante, como por exemplo, receber um vendedor na sua empresa.

Isso pode causar uma sequência de consentimento que induz comportamentos posteriores. A questão é que, ao assumir um compromisso, por mais que ele seja trivial, existe uma grande possibilidade de influenciar a autoimagem de uma pessoa.

Muitos profissionais da persuasão usam pequenos compromissos para mexer com a autoimagem das pessoas com quem negociam. Ao assumir um compromisso, mesmo que pequeno, isso causa uma mudança no seu interior.

Entretanto, essa mudança não se restringe à primeira circunstância em que ocorreu essa primeira decisão. Mas abrange uma série de outras situações análogas, presentes ou futuras.

A ARDILOSA TÉCNICA DA BOLA BAIXA

Acontece também uma coisa muito surpreendente quando uma pessoa assume um compromisso. Ela passa a criar novos motivos que sustentem mais ainda sua decisão para se sentir mais segura disso. Dessa forma, alguns profissionais maliciosos oferecem algum estímulo para que sua vítima tome uma decisão.

Depois de tomada a decisão, eles podem retirar esse estímulo inicial da negociação, pois a pessoa já terá novos motivos para manter sua decisão já tomada. Um exemplo disso são algumas concessionárias de automóveis, que muitas vezes fazem uma oferta de um veículo por um valor menor que o de mercado.

O cliente, por achar um bom negócio, decide comprar o automóvel. O vendedor faz com que o cliente preencha todos os formulários, e até faça um *test-drive*. Porém no momento de fechar o contrato, anuncia-se um erro dizendo que o valor informado inicialmente estava errado, e passa um valor mais alto em seguida.

Muitas vezes o cliente, já convencido por si mesmo de que quer aquele carro especificamente, acaba concordando em pagar um valor um pouco maior. Esse tipo de prática não é nada ética, mas infelizmente pode ser aplicada justamente por conta da existência desses gatilhos mentais.

3. PRINCÍPIO DA APROVAÇÃO SOCIAL

Dentre todos os gatilhos mentais que funcionam na nossa mente, esse é a prova de que todo mundo se importa, sim, com o que os outros pensam. Segundo esse princípio psicológico, decidimos o que é correto descobrindo o que os outros acham que é correto.

Consideramos um comportamento adequado em dada situação na medida em que o vemos ser seguido pelos outros. Quanto maior o número de pessoas que acham uma ideia correta, maior a chance de alguém considerá-la correta.

Esse princípio pode ser usado para obter consentimento a um pedido, informando que vários outros indivíduos estão concordando ou já concordaram com aquele pedido também.

IGNORÂNCIA PLURALISTA: QUANDO NINGUÉM SABE O QUE FAZER!

Em geral, quando estamos inseguros com um comportamento numa situação ambígua que cause incerteza, nossa tendência de buscar na reação dos outros um respaldo para nosso comportamento aumenta ainda mais.

Quando estamos numa situação ambígua e incerta existem muitas pessoas nos observando, cada indivíduo procura nos demais a resposta para uma possível ação correta. Isso provoca o fenômeno da ignorância pluralista, onde a busca de provas sociais de forma simultânea entre vários indivíduos que não sabem como se comportar diante de determinada situação deixa todo o grupo estático e sem reação.

Isso pode ser muito perigoso numa situação de emergência.

É MAIS FÁCIL SE ESPELHAR EM QUEM VOCÊ CONHECE

O princípio da aprovação social tem muito mais força quando observamos o comportamento de pessoas semelhantes a nós. A conduta de indivíduos conhecidos dá uma melhor noção sobre qual o comportamento correto a ser adotado.

Dessa forma, estamos mais inclinados a seguir a liderança de alguém semelhante a nós que de alguém diferente. Um forte exemplo disso são as campanhas publicitárias que se apoiam na abordagem de depoimentos do tipo "gente como a gente".

4. PRINCÍPIO DA AFEIÇÃO

Não é segredo para ninguém que temos uma tendência mais natural em dizer "sim" aos pedidos de quem conhecemos e de quem gostamos. O que poucos sabem é que, quando existe algum vínculo social com o ofertante de um determinado produto ou serviço, a força desse vínculo é duas vezes maior do que a própria preferência pelo produto em si.

Esse é o caso das vendas de Tupperware. A empresa usava uma estratégia em que mulheres recebiam comissões promovendo em suas casas uma reunião com amigas para apresentar e vender o produto. Muitas dessas amigas acabavam comprando o produto para ajudar a anfitriã.

O resultado disso é que a Tupperware chegou a vender mais de $ 2,5 milhões por dia. Mais impressionante ainda sobre a força do princípio psicológico da afeição é que com frequência o amigo nem precisa estar presente, a simples menção do nome do amigo já basta.

Muitos vendedores pedem a seus clientes indicações de amigos que possam se interessar por alguma oferta. Posteriormente o vendedor aborda esses amigos citando o nome de quem fez a indicação.

Outra maneira muito eficaz de se explorar o princípio da afeição é conquistando a simpatia das pessoas. Existem diversas formas de se fazer isso.

ATRATIVIDADE FÍSICA

Uma pessoa de boa aparência desfruta de uma vantagem nas interações sociais cotidianas. Isso ocorre através do "efeito auréola", que é quando uma característica positiva de uma pessoa domina a maneira como ela é vista pelos outros.

Pode parecer absurdo, mas diversas pesquisas já comprovaram que atribuímos de forma inconsciente traços favoráveis a indivíduos de boa aparência, como talento, gentileza, honestidade e inteligência.

E o mais espantoso é que isso se estende a diversas situações, como em contratações de empregos, eleições políticas e até mesmo em processos judiciais, onde réus com boa aparência conseguem penas mais leves e tem o dobro de chances de não irem para a prisão.

SEMELHANÇA

Tendemos a gostar de pessoas semelhantes a nós, nos mais diversos aspectos: aparência, personalidade, estilo de vida, local de origem, vestimentas, opiniões, *et cetera*. É por isso que muitos profissionais da persuasão buscam estar bem vestidos e buscar pistas sobre o que seus clientes gostam para mostrar que também têm os mesmos gostos.

Por exemplo, um corretor de imóveis que recebe um potencial comprador junto com sua esposa e filhos num estande de vendas pode explorar o tema "família", falando sobre seus próprios filhos e o que eles gostam de fazer.

Muitos programas de treinamento de vendas ensinam futuros vendedores a imitarem a postura corporal, estado de espírito e maneira de falar do cliente.

ELOGIOS

Dentro do princípio da afeição, talvez o aspecto mais poderoso seja o uso da adulação. Não resistimos a uma adulação, desde que ela não seja óbvia como uma ferramenta de persuasão.

Mas o fato é que tendemos a acreditar em elogios e a gostar de quem nos elogia, pois assumimos, inconscientemente, que essa pessoa gosta de nós. E a informação de que alguém gosta de nós é um estímulo muito poderoso e eficaz para provocar uma reação retribuidora e consentir a um pedido de forma voluntária.

CONTATO, ASSOCIAÇÃO E CONDICIONAMENTO

Tendemos fortemente a favorecer aquilo com que já tivemos contato. Quanto maior o contato que tivemos, maior será a afeição. Quase sempre gostamos de coisas que nos são familiares, desde que essas coisas tenham proporcionado uma experiência positiva.

E costumamos repudiar as coisas que não trouxeram boas experiências no passado, ou pelo menos ter muita cautela com aquilo. A questão é que, frequentemente, nossas decisões são influenciadas pelo número de vezes que estivemos em contato com aquilo no passado.

Por exemplo, se você comer camarão e tiver uma forte reação alérgica, a tendência é que você não comerá camarão novamente, mesmo que não exista uma comprovação de que a alergia foi provocada pelo camarão.

Ou se você andou de montanha russa e a experiência causou uma euforia agradável, você provavelmente vai repetir essa experiência no futuro quando tiver uma boa oportunidade. O mesmo funciona para pessoas, lugares, produtos e serviços.

Portanto, uma associação inocente influencia os sentimentos das pessoas em relação a alguém ou alguma coisa, o que impacta diretamente em nossas tomadas de decisões de forma inconsciente. Isso explica porque, quase sempre, os carros apresentados em eventos de automóveis sempre estão acompanhados de modelos fisicamente atraentes. Espera-se que o homens percebam os automóveis da mesma maneira que percebem as modelos.

Outro exemplo do uso da associação está nas propagandas da Coca-Cola. Qualquer pessoa em sã consciência sabe que refrigerantes fazem mal à saúde. Então como solicitar aos consumidores que bebam algo nocivo a si mesmos? Associando o refrigerante a um estilo de vida saudável e a pessoas fisicamente atraentes. Por isso os anúncios de refrigerantes geralmente mostram contextos agradáveis, de felicidade, amizade, liberdade, *et cetera*. Outra forma bastante eficaz de empregar o princípio da associação é vincular celebridades a produtos em anúncios publicitários.

5. PRINCÍPIO DA AUTORIDADE

Os gatilhos mentais que envolvem o princípio psicológico da autoridade são muito eficazes. Ele se apoia no fato de que, quando precisamos processar informações específicas que fogem do nosso domínio individual, recorremos às informações fornecidas por uma autoridade para balizar nossas decisões em determinada situação.

Além disso, para permitir o desenvolvimento de estruturas sociais sofisticadas para produção de recursos, comércio, defesa, expansão e controle social ao longo da evolução humana, estivemos submetidos a um sistema de autoridade complexo.

Implicitamente reconhecemos que, sem isso, a vida social seria um completo caos, pois não existiria unanimidade para as mais diversas possibilidades de comportamentos. Portanto somos treinados desde crianças a acreditar que a obediência à autoridade é o comportamento correto, e a desobediência o errado.

Quando crianças, assimilamos a obediência à autoridade como algo benéfico por dois motivos: primeiro porque descobrimos que, geralmente, a sabedoria e os conselhos das autoridades, como pais e professores, nos direcionam a escolhas sensatas; segundo porque essas mesmas autoridades controlavam nossas recompensas e punições. Na vida adulta essa percepção permanece a mesma, mudando apenas as figuras: nossas autoridades passam a ser os empregadores, os juízes, os líderes governamentais, *et cetera*.

Dessa forma assumimos que obedecer a uma autoridade é recompensador, nos entregando assim a um padrão automático de obediência. Não precisamos pensar, portanto não pensamos. Assim temos em nosso inconsciente uma profunda e arraigada submissão à autoridade que acaba controlando nossas condutas.

Entretanto, como todo atalho mental, não analisamos todo o contexto de uma autoridade. É necessário apenas um pequeno aspecto correlacionado à autoridade para assumirmos a presença dela. Basta apenas um símbolo. E existem 3 símbolos mais imediatos de autoridade: títulos, trajes e carros.

AUTORIDADE PELOS TÍTULOS

Em linhas gerais, não estamos habituados a checar a veracidade dos títulos que alguém diz ter. Basta anunciar sua posse. Estudos mostraram que uma posição de autoridade afeta as percepções de tamanho, descobrindo que títulos de prestígios levam a distorções na altura das pessoas.

E o mesmo vale para o caminho inverso, pessoas mais altas podem ser percebidas como indivíduos com algum grau de autoridade. Dessa forma é muito comum que alguns profissionais da persuasão falsifiquem sua estatura, usando calçados com saltos, palmilhas mais altas e outros artifícios que os façam ser percebidos com uma maior estatura.

AUTORIDADE PELAS ROUPAS

As roupas são outro símbolo de representação de autoridade e são usadas como gatilhos mentais. Um estudo curioso de psicologia social mostrou como é a forte a tendência de obedecermos a pessoas que usam trajes de autoridade.

O experimento consistia em abordar algum estranho e fazer algum pedido incomum, como recolher um saco plástico jogado no chão ou ficar parado ao lado de uma placa. Isso ocorria em duas situações diferentes: numa o solicitante do pedido estava usando roupas comuns; na outra o solicitante usava uniforme de guarda de trânsito.

O resultado foi que as pessoas atendiam os pedidos com muito mais frequência ao solicitante uniformizado. Outro tipo de traje que induz à percepção de autoridade é o terno, por isso figuras de diferentes meios costumam usar esse tipo de roupa.

AUTORIDADE PELOS CARROS

Por estar ligado à uma questão de status social e sucesso financeiro, os carros também são um forte símbolo de autoridade. Quanto mais pomposo é o carro, mais o seu dono é percebido como um tipo de autoridade.

Quando pensamos em carros, não há como não relacioná-los ao *status*. Um veículo mais sofisticado sempre chama a atenção por onde passa e com ele, o seu condutor. São diversos os fatores que tornam o veículo como símbolo de *status*.

Status é uma situação ou posição hierárquica num grupo ou numa organização e que implica determinados direitos e obrigações; prestígio ou distinção social. Com base no significado acima, fica fácil percebermos como a sociedade e o indivíduo usam o automóvel como forma de demonstrar algum tipo de autoridade.

6. PRINCÍPIO DA ESCASSEZ

Esse princípio se apoia na premissa de que as oportunidades parecem mais valiosas à medida que ficam menos disponíveis. Consideramos que as coisas mais difíceis de se obter costumam ser melhores que as mais fáceis.

Assim usamos a disponibilidade de um produto ou serviço para decidir rapidamente sobre sua qualidade. As pessoas são mais motivadas pelo medo de perder algo que pela vantagem de ganhar algo de mesmo valor.

Assim, à medida que nossas oportunidades se tornam escassas, percebemos isso como perda de liberdade. Isso explica porque, com frequência, uma determinada oportunidade se torna mais atraente aos nossos olhos quando está indisponível.

O FENÔMENO DA REATÂNCIA PSICOLÓGICA

A reação humana em relação à diminuição do controle pessoal se chama "Reatância Psicológica". Sempre que a livre escolha é limitada ou ameaçada, a necessidade de preservar nossas liberdades faz com que as queiramos muito mais do que antes.

Portanto quando a escassez nos limita o acesso a um determinado item, tentamos reagir contra as interferências que causam a escassez, buscando ainda mais possuir esse item. A reatância psicológica tem sua origem quando completamos 2 anos de idade, justamente quando começamos a desenvolver noções de individualidade.

Ao chegar na adolescência também temos uma necessidade de individualização muito grande. Portanto, é nessa fase quando estamos mais sensíveis a situações de escassez. Porém, raramente reconhecemos o fenômeno da reatância psicológica em nós mesmos.

Assim sendo, quando temos limitações para adquirir alguma coisa, costumamos atribuir a ela qualidades positivas para justificar nosso desejo maior.

A ESCASSEZ PELA CENSURA

A nossa reação a um material que é proibido gera uma vontade maior de entrar em contato com aquela informação, e também nos torna mais favoráveis a ela do que antes da proibição.

O mais surpreendente é que passamos a acreditar mais ainda em determinadas informações quando passam a ser censuradas, mesmo que nunca tenhamos entrado em contato com aquelas informações.

Mas informações não precisam ser censuradas para se tornarem mais valorizadas. Basta que se tornem mais escassas. Uma informação parecerá mais atraente e desejada quando acreditamos que não conseguiríamos obtê-la em nenhum outro lugar.

A NOVA ESCASSEZ

O princípio da escassez é mais impactante quando é recém-experimentado. Ou seja, quando passamos repentinamente de um contexto de abundância para outro de escassez de um determinado item, desejamos mais ainda adquirir esse item com a maior urgência possível.

A escassez recém experimentada é tão impactante em nossos sentimentos que muitas vezes chegam a causar conflitos e violência.

A COMPETIÇÃO POR RECURSOS ESCASSOS

A forma mais explosiva de escassez é quando existe uma competição por recursos limitados. Quando competimos por alguma coisa é quando o nosso desejo atinge o nível máximo. A sensação de estar competindo por algo possui propriedades motivadoras muito poderosas.

Existe algo quase físico no desejo de possuir um item disputado. Prova disso são as grandes liquidações de grandes lojas, onde consumidores chegam a se agredir para conseguir comprar diversos artigos. Já ouviu falar no Aniversário Guanabara? O Supermercado Guanabara "queima preços" em comemoração ao aniversário de fundação e as pessoas chegam a se esbofetear para adquirir alguns produtos.

Uma infinidade de relatos de consumidores que frequentam liquidações dizem que são dominados emocionalmente pelo evento. Um grande exemplo de competição por itens escassos são os leilões. Nesses eventos é impressionante a frequência de decisões insensatas de pagar fortunas absurdas para adquirir itens que não possuem tanto valor real.

GATILHOS MENTAIS NA SUA COMUNICAÇÃO

Os gatilhos mentais são recursos que você pode usar na sua comunicação para desencadear uma série de princípios psicológicos inconscientes que influenciam diretamente a decisão das pessoas. Eles funcionam com base na necessidade que o cérebro humano tem de criar atalhos para tomadas decisões sem ter que passar por um raciocínio crítico e gastar mais energia.

Não, isso não quer dizer que é burrice. Até porque mesmo as pessoas mais inteligentes também podem cair, facilmente, em gatilhos mentais. Os princípios psicológicos existem na cabeça de qualquer ser humano, e podem ser utilizados para conseguir o consentimento das pessoas a uma determinada solicitação.

Engana-se quem acredita que os gatilhos mentais são úteis apenas para vender produtos e serviços. Isso seria subestimar o poder de persuasão que esses princípios psicológicos têm. Eles são empregados em discursos políticos, em programas de televisão, em noticiários e em praticamente tudo o que é comunicação de ideias.

Você pode utilizar todo esse potencial, se entender cada um desses gatilhos. E será sua responsabilidade usá-los para o bem, ou para o mal. Eu acredito que, se você sabe que a sua oferta pode transformar positivamente a vida das pessoas, é sua obrigação moral divulgá-la e vendê-la. E os gatilhos mentais ajudam demais a cumprir esse objetivo.

TÉCNICAS SIMPLES E EFICAZES DE COPYWRITING

> "Até mesmo o gênio necessita de uma técnica competente."
> — *Robert Fripp*

Chegamos numa parte do livro em que você provavelmente terá muitos *insights* e desejará aplicar imediatamente o que mostrarei. Só para você ter um "gostinho", dominando os tópicos aqui apresentados, sua escrita se tornará mais atrativa e mais convincente; você saberá usar elementos que tornam seus textos mais persuasivos; desenvolverá comunicações mais certeiras; conseguirá influenciar pessoas em diversos níveis e poderá vender qualquer coisa que queira com mais facilidade usando técnicas endossadas por mestres dos negócios. Isso interessa a você, não é mesmo?

Você terá nas próximas linhas uma lista de técnicas simples, porém eficazes de copywriting para usar hoje mesmo em suas comunicações. Muitas delas serão melhor compreendidas agora que você leu sobre raízes da persuasão e da retórica nesta seção.

1. O USO DO PRONOME "VOCÊ"

"Você" é um pronome pessoal de tratamento. Refere-se à segunda pessoa do discurso, mas, por ser pronome de tratamento, é empregado na terceira pessoa (como "ele" ou "ela"). Sua origem etimológica encontra-se na expressão de tratamento de deferência *vossa mercê*, que se transformou sucessivamente em *vossemecê, vosmecê, vancê e você*. Vossa mercê (mercê significa graça, concessão) era um tratamento dado a pessoas às quais não era possível se dirigir pelo pronome *tu*.

Atualmente o "você" é um pronome muito usado no Brasil e, no contexto do copywriting, pode ser um excelente recurso de conexão. Ao usar o pronome pessoal você, a pessoa tende a se conectar mais facilmente à mensagem, já que o cérebro automaticamente vincula o pronome a si própria.

Repare neste exemplo usado pela empresa brasileira especializada em publicação de conteúdo financeiro e de ideias de investimentos, a Empiricus:

A ação que quiseram esconder de você

Saiba agora qual é a polêmica ação que gerou a suspensão do estrategista-chefe da Empiricus...

E por que ele está colocando mais R$ 100 MIL do seu próprio bolso nesta oportunidade.

Trechos do copy:

- "Neste texto, vou revelar para você qual a ação polêmica que me rendeu uma suspensão e uma tentativa de censura no final do ano passado."

- "Prova disso, que eu mesmo vou colocar mais R$ 100 mil do meu bolso nesta mesma ação. Dinheiro pessoal meu e da minha família. E, espero, fazer isso junto com você."

2. A APLICAÇÃO DE LOOPS

Ao assistir a série "The Walking Dead", percebi que o roteirista deixou algumas lacunas para criar suspense em torno de alguns personagens. Um deles, após ser mordido por um zumbi (desculpe o *spoiler)*, precisou ser abandonado na estrada para não infectar o restante do grupo. Eu fiquei bastante curioso para saber se o homem viraria mesmo um zumbi ou não, mas ele não mais foi mostrado durante os capítulos posteriores. Ou seja, foi aberto um *looping* que, nesse caso, não foi fechado.

Além disso, ainda no começo da série, uma menina do grupo acabou sumindo na floresta após fugir de zumbis. A partir daí, começa uma busca incessante pela garota que dura até o último capítulo de uma das temporadas (aliás, o desfecho sobre esse caso foi surpreendente). Nesse caso, o looping foi aberto para manter os espectadores curiosos atentos até a resolução.

Assim funciona o looping...

Loop é uma palavra inglesa que significa 'laço', 'aro', 'anel', 'circuito' ou 'sequência'. O looping funciona como uma abordagem estratégica ao longo do copy que garante que as pessoas leiam até o final. Esse elemento causa um aumento drástico na retenção de seus discursos. Se bem aplicado, as pessoas irão querer acompanhar o que você tem a dizer até o final, porque um "círculo" foi aberto e agora precisa ser fechado. Para usar esta técnica, basta que você abra o loop para fechá-lo mais para frente.

Exemplos:

> "...Isso tudo é inacreditavelmente simples de se fazer com uso do Triturador de Legumes Evolution. Entretanto, vou te contar mais sobre isso depois..."

> "Agora mesmo enquanto você lê isso, há mulheres caminhando tranquilamente para o trabalho sem as dores causadas pelo joanete.
>
> Algumas podem estar na praia, descalças ou passeando com a família no shopping de rasteirinhas, sem a vergonha de mostrar o pé torto.
>
> Outras, que já estão apostando nessa solução há 3 ou 4 meses, já tiveram a deformação do pé 100% eliminada. E estão livres de dor e constrangimento.
>
> (Já, já, você irá entender o motivo)."

3. STORYTELLING

A definição da National Storytelling Network (NSN), dos Estados Unidos: "Storytelling é uma forma de arte muito antiga e uma valiosa forma de expressão humana usada de diversas maneiras". Como ressaltado no próximo capítulo, ao aplicar o storytelling em suas comunicações comerciais, você consegue pintar telas na cabeça do leitor. E assim ele se conecta muito mais facilmente ao que está sendo dito.

Uma boa história acaba despertando gatilhos mentais nas pessoas que estão assistindo. Esse é um processo totalmente emocional que influencia a decisão das pessoas. Podemos dizer que o storytelling é uma ferramenta de persuasão que influencia as pessoas a fazerem negócio com você e também passam a ter a sua marca como referência no mercado.

Somos movidos por histórias. Não à toa o storytelling é usado por grandes roteiristas e redatores do mundo, inclusive, para grandes empresas como Disney, Netflix e Coca-Cola.

Exemplo da carta de vendas do The Wall Street Journal:

> "Caro leitor, em uma bela tarde de primavera, vinte e cinco anos atrás, dois jovens se formaram na mesma escola. Esses jovens eram muito parecidos. Os dois foram estudantes melhores que a média, ambos eram bem apessoados e os dois - como jovens colegas de graduação são - eram cheios de sonhos ambiciosos para o futuro."

4. CONTRASTE E ANCORAGEM

Contraste é um grau marcante de diferença ou oposição entre coisas da mesma natureza, suscetíveis de comparação. Também pode ser entendido como comparação de objetos similares para se estabelecerem as respectivas diferenças.

O contraste é uma poderosa técnica de persuasão e influência. Consiste em mostrar algo mais caro primeiro e, em seguida, algo mais barato.

Exemplo:

> "Quanto você pagaria por uma consultoria de marketing? Não sei se você sabe, mais uma boa consultoria custa em média R$ 20.000. Eu poderia muito bem cobrar isso de você, mas decidi deixar o valor bem mais acessível. Por isso irei cobrar apenas R$ 7.997."

A ancoragem de preços parte desse mesmo princípio. Você ancora o produto a um valor alto e, no fim, vende ele a um valor mais acessível.

Exemplos:

> ~~De R$ 2.997~~ por apenas R$ 1.497.
> ~~De 39,99~~ por R$ 12,99.

A dicotomia "dor x prazer" também é um tipo de contraste:

> Você pode continuar com sua vida fracassada e sem sentido, ou você pode tomar a decisão de mudar sua vida hoje e alcançar o que você sempre sonhou...

5. QUEBRA DE PREÇOS

Esta técnica consiste em quebrar o preço para fazer o leitor perceber que o produto custa menos do que se imagina inicialmente. Por exemplo, logo após anunciar o preço, você pode dividi-lo em semanas ou dias.

Vamos supor que o produto custe R$ 150,00 por mês. Se você dividir 150 por 30 dias, você pode anunciar o preço assim:

> "Apenas R$ 5,00 por dia!"

Você ainda pode usar uma comparação:

> "É só isso o que você terá que investir para ter sua vida transformada: menos que um cafezinho por dia!"

6. QUADRO FUTURO

Mostrar um quadro futuro é fazer o leitor se imaginar transformado, feliz e realizado. Isso pode ser muito eficiente se feito antes da oferta. Quando adquiri meu primeiro curso de empreendedorismo digital, o vendedor me fez acreditar que eu teria uma vida mais prazerosa, explicando que ao criar um negócio digital, eu poderia desfrutar de liberdade de tempo, liberdade geográfica e liberdade financeira.

O uso da relação dor e prazer também funciona aqui. No geral é bem simples, basta apresentar um panorama geral da dor e depois apresentar o quadro futuro, baseado no prazer. O quadro futuro é como o cliente vai se sentir quando usar o produto, como ele vai estar depois da transformação causada proporcionada pela sua solução.

Exemplo:

> "Agora imagine que em vez de continuar tendo que, obrigatoriamente, cumprir oito horas de trabalho diárias, você pudesse fazer seus horários...
>
> E que em vez de ter que ir para um local fixo todos os dias, você pudesse trabalhar de onde quisesse (pense em você sentado no saguão de um hotel com o notebook no colo)...
>
> E que em vez de receber um salário mínimo, você pudesse receber de acordo com seu desempenho, obtendo lucro com algo que você construiu."

Um exemplo que usei numa comunicação de um produto de insônia:

> "Agora imagine que, em vez de sofrer com a insônia, você pudesse ter tranquilas noites de sono.
>
> Imagine se você pudesse dormir bem entre 6 e 8 horas por dia...
>
> ...e que pudesse acordar disposto para encarar os afazeres diários.
>
> Pense em quantos benefícios você terá ao se livrar da insônia.
>
> Mais disposição, mais ânimo, maior produtividade no trabalho...
>
> Mais tempo com sua família e amigos."

7. OS DOIS CAMINHOS

Também chamado de "paradoxo da escolha". Aqui a ideia é apresentar dois caminhos ao leitor: um bom e um ruim. Fazendo-o crer, claro, que o bom caminho é desfrutar da transformação que seu produto garante. Lembrando que não é bom oferecer mais de duas opções para o leitor, pois isso pode fazê-lo se confundir. O cérebro humano evita a tomada de decisões.

Nesse caso, ao oferecer dois caminhos, o que estamos querendo dizer, é: "Por que em vez de continuar sofrendo com esta dor, você não escolhe minha solução?" Se a dor da pessoa for real, ou a percepção de que ela poderá sofrer disso se não fizer uma escolha rápida, ficará fácil para ela decidir pela transformação. Veja o exemplo:

> Agora você tem dois caminhos:
>
> 1. Continuar sofrendo com a insônia até o ponto de ficar dependente de remédios e correndo o risco de adquirir doenças mais graves, como Depressão, Esquizofrenia e Alzheimer.
>
> 2. Aprender como mudar sua rotina através de 15 passos que não exigem nada mais que alguns minutinhos do seu dia – num material que custa menos que uma caixa de remédios, dependendo do caso.
>
> Você sabe qual é o melhor para você, não é mesmo?

8. O INIMIGO COMUM

"O melhor modo de vingar-se de um inimigo é não se assemelhar a ele", dizia o imperador Marco Aurélio. A sociologia revela que tendemos a nos unir a pessoas que possuem interesses semelhantes aos nossos.

Sendo assim, o "princípio do inimigo comum" é capaz de gerar empatia, e se for usado através de uma história, torna-se ainda mais eficaz. Isso porque, quando identificamos um inimigo em comum, passamos a estreitar o elo de ligação entre o herói e o público.

Essa técnica é quase instintiva ao ser humano. Quando temos a necessidade de resistir a uma ameaça externa, seja ela real ou imaginária, essa estratégia tem sido extremamente eficaz para evocar uma solidariedade de grupo e, principalmente, a concordância.

Se temos tendência a nos unir a pessoas que possuem desafios e interesses semelhantes aos nossos, se nos é mostrado, portanto, um inimigo que outra pessoa também enfrenta, o laço de ligação acaba sendo estreitado.

Exemplos clássicos:

> "Vamos vencer a gordura"
>
> "Vamos superar a inflação"
>
> "Todos unidos para eliminar a desigualdade social"
>
> "Vamos vencer a indústria de remédios"...

Ou qualquer fala que mostre exatamente que você e o seu cliente estão contra um inimigo comum que está atrapalhando suas vidas.

9. GATILHO DA EXCLUSIVIDADE

Este é um gatilho mental simples, porém muito eficiente, porque as pessoas gostam de se sentir únicas e especiais. Usar o recurso da exclusividade pode funcionar muito bem, pois seu cliente irá comprar apenas para ter vantagens de consumo sobre outros.

Lembre-se que as pessoas dormem na porta das lojas em busca de obter exclusividade, de serem as primeiras a comprar, de estar aproveitando as oportunidades do lançamento. O gatilho da exclusividade é tão forte, que a Apple consegue influenciar pessoas a ponto de formarem filas em frente às suas lojas ao redor do mundo para conseguir comprar seus produtos, como o iPhone X, um telefone que custou na época de lançamento cerca de € 1. 400 (aproximadamente R$ 5. 600).

Exemplos de frases que remetem à exclusividade:

> "Lista Vip"
>
> "Para Poucas Pessoas"
>
> "Você Está Sendo o Primeiro a Saber"
>
> "Seja o primeiro a se cadastrar"

10. ESTÍMULO À URGÊNCIA

O estímulo à urgência está atrelado ao princípio da escassez (sobre o qual falei no capítulo sobre persuasão). A diferença é que urgência foca no fator tempo, e não necessariamente na quantidade. O ponto é "até quando algo poderá ser adquirido".

O objetivo do estímulo à urgência é fazer com que a pessoa compre logo, pois o tempo está se esgotando. Tomar decisão rápida pode ser determinante para o cliente comprar. A sensação de urgência tira o cliente da procrastinação, e da dúvida, e o faz agir.

Exemplos:

> "Até 23:59 de hoje"
>
> "Essa oferta acaba em..."
>
> "Essa promoção é válida somente para as 10 primeiras pessoas"
>
> "Compre hoje, pois amanhã você não terá mais esse desconto"

11. FATOR ESPECIFICIDADE

O "fator especificidade" é um dos recursos mais eficientes, porque permite ofertar e vender com propriedade. Ele possibilita usar toda a informação que você possui sobre o produto e te leva a mostrar com bastante convicção os benefícios do que você está ofertando.

Números e situações específicas geram mais credibilidade. Por isso que falar do resultado conseguido por alguém através de argumentos sólidos e números pode tornar seu copy mais persuasivo e poderoso. Não à toa estou abordando isso em diferentes trechos deste livro.

Exemplos:

> "Veja o que dizem estes 2 clientes sobre o (nome do produto)"
>
> "Carlos diz o que sentiu ao usar o (nome do produto): 'me senti 73% realizado'"
>
> "Este estudo sobre o uso da solução por trás do (nome do produto) prova o que estamos mostrando aqui: homens casados são 3 vezes mais gordos que homens solteiros"
>
> "397 donas de casa já foram beneficiadas pelo (nome do produto)"

12. VERBOS DE COMANDO

Este gatilho se vale do que aprendemos em aulas de português no ensino fundamental. Modo imperativo, o modo verbal pelo qual se expressa uma ordem, pedido, desejo, conselho, sugestão, recomendação, solicitação, orientação, alerta ou aviso. Este modo acentua o caráter de mando, de autoridade, ou que exprime uma ordem.

Esta técnica é muito importante em vários locais de um copy, mas principalmente no CTA (Abordei isso no capítulo sobre chamada), pois é nele que a ordem deve acontecer de forma mais explícita. O leitor deve ter certeza do que deve fazer naquele momento.

Exemplos:

> "Clique agora e aproveite!"
> "Escreva seu e-mail abaixo!"
> "Garanta sua vaga"
> "Faça acontecer"
> "Esqueça das dívidas"
> "Pare de perder dinheiro"
> "Comece a ser feliz!"
> "Nunca mais seja enganado"

13. PROVA CONCRETA

Este recurso entra em cena quando você faz uso de fatos, evidências, dados e outros recursos similares para quebrar objeções e provar que sua solução é mesmo a melhor (se esbarra com o fator especificidade). Usando provas você se torna capaz de acabar com o ceticismo dos mais desconfiados.

Você pode mostrar números, depoimentos em vídeos, usar o "gatilho da notícia", *et cetera*. Você deve usar essa técnica simplesmente porque fatos concretos estimulam a pessoa a comprar. Por isso que, na hora de construir seu copy, se apoie em qualquer coisa que prove a eficácia do que está sendo oferecido.

Veja os exemplos:

> "1257 pessoas já se beneficiaram das vantagens de (produto)"
>
> "O estudo da (nome da instituição) prova que a substância presente no (nome do produto) é mesmo transformadora"
>
> "Quer uma prova? Veja o que dizem esses especialistas..."

Quando fui chamado para escrever uma carta de vendas para o Acelerador Digital, do empreendedor Pedro Quintanilha, escolhi usar dois depoimentos reais como headline. Eu comecei o discurso da seguinte forma:

> "Com uma única recomendação do Pedro, eu tripliquei meu faturamento em 1 mês." – Paulo M.
>
> "Com a ajuda do Pedro, eu consegui atender um maior número de clientes de forma simultânea num formato 100% digital." – Gaby B.

Consulte esta lista de técnicas sempre que precisar.

STORYTELLING

> "Pessoas precisam de histórias mais do que de pão propriamente dito. Histórias dizem-nos como viver e por quê."
> — *As Mil e Uma Noites.*

Certo dia, fui incumbido de cuidar do meu filho, na época com 7 anos. Minha esposa foi socorrer uma vizinha idosa que se acidentou. Graças a Deus nada grave aconteceu com a adorável senhora. E eu pude me divertir com o moleque.

Antes de contar o fim da história, tenho uma confissão a fazer: no domingo anterior a este dia, comprei um Super Nintendo para "ele". "Para que esse videogame antigo?", alguém perguntou. "Eu só quero que ele veja como eram os jogos da minha época de infância", respondi. Bem, no dia que fiquei com ele sozinho, jogamos Super Mario Bros juntos. Foi legal demais. E depois, teve banho de piscina, sorvete e filme...

Como vi que "E.T. O Extraterrestre", de Steven Spielberg, estava na Netflix, escolhi o clássico. Então, depois da viagem aos anos 1990 com o Super Nintendo, levei o pequeno pela máquina do tempo até 1982. Queria ver se ele se encantaria com a história do alienígena perdido na Terra que faz amizade com o garoto chamado Elliott.

Há uma lição de vida no fato de o menino proteger o E.T de todas as formas, para evitar que ele seja capturado e transformado em cobaia pelo serviço secreto americano. Acho que "E.T. O Extraterrestre" é um filme que você cresce e envelhece assistindo a ele diversas vezes – e sempre se impressionará com a mensagem atemporal de inocência, esperança e alegria passada nele.

Trata-se de uma ficção científica que às vezes se torna tão assustadora como um filme de terror, mas quando as luzes se acendem, não é possível encontrar um olho sem lágrimas em casa ou no cinema. Meu filho se emocionou quando a pequena criatura é capturada pelos cientistas da NASA e aparentemente morre. Ele não aceitou que o E.T. pudesse morrer. Ficou ansioso até a fuga e o final arrebatador com a icônica imagem da bicicleta BMX voando com a lua cheia ao fundo e levando o E.T. dentro da cesta.

Não sei para você, mas o ponto alto do filme está na sequência da festa de Halloween onde as crianças saem nas ruas do subúrbio fantasiadas de monstros, fantasmas e zumbis. Nesse momento, o pequeno E.T. finalmente se sente em casa, na casa de estrangeiros como ele – numa engraçada ironia. E.T. trava um pequeno flerte com uma criança fantasiada de Mestre Yoda, personagem de Star Wars. Essa é a parte que eu mais gosto, além da cena da bicicleta voando.

E tem a simbologia. Talvez você nunca tenha se dado conta, mas existem três fortes imagens simbólicas que transformam E.T. em um clássico atemporal:

1. O dedo luminoso do alienígena que toca o dedo de Elliot. Uma alusão religiosa do afresco de Michelangelo da Capela Sistina no Vaticano (Deus tocando o dedo de Adão).
2. O coração luminoso do E.T. Esse elemento possui uma evidente conotação mística. O sopro cardíaco e a centelha divina, princípio gnóstico de que toda a condição humana alienada provém da desconexão da sua verdadeira morada na Plenitude.
3. A imagem da bicicleta BMX em seu voo noturno diante da Lua. A célebre imagem contra-luz com a lua é um símbolo de fé: o estado de suspensão (física e mental), estado alterado de consciência que permite o silêncio que nos faz ouvir a voz íntima da crença em algo maior.

Todo filme que se torna um clássico alcança a dimensão atemporal de expressar um arquétipo do inconsciente coletivo. "E.T. O Extraterrestre" continua a emocionar gerações porque parece nos dizer que mais de 30 anos depois do seu lançamento, continuamos ainda estrangeiros em busca do nosso verdadeiro lar.

Que lição isso traz para os negócios? Simples: observar e compreender simbolismos nos faz ter percepções melhores sobre como as pessoas reagem diante do mundo. Além disso, E.T., como tantos outros filmes, é um lembrete de que toda história serve para algum propósito. Algumas histórias servem para nos fazer pensar, outras para nos fazer sentir, algumas para nos fazer esquecer de problemas e algumas para ajudar a resolvê-los.

Contar histórias é fundamental para um bom copywriting. E nesse contexto, os filmes têm muito a nos ensinar. Portanto, você, copywriter, deve observar o que é passado através das histórias e levar isso para o seu trabalho. Repare que eu compartilhei uma história com você para mostrar na prática como as narrativas são poderosas.

Um copywriter que se preze sabe que uma história criativa e autêntica é capaz de conectar a emoção das pessoas e inspirá-las à ação. O redator que possui a habilidade de contar boas histórias tende a garantir mais resultados em vendas, porque uma história bem contada é capaz de conduzir o receptor a uma jornada de mudanças e transformações. Por isso, se você quiser tornar sua escrita realmente poderosa, precisa aprender a contar boas histórias.

Storytelling é o método que se vale de narrativas aplicadas em palavras ou recursos audiovisuais para transmitir um conceito. Ao longo do tempo, ele vem sendo utilizado no marketing e na publicidade como meio de promover uma marca e vender de forma eficiente. Trata-se, portanto, de um ótimo aliado para compartilhar ideias, conhecimentos e demais interesses através de uma narrativa.

Contar histórias é cada vez mais usado na publicidade hoje para fidelizar os clientes. De acordo com Giles Lury, especialista em storytelling, esta tendência no marketing ecoa a necessidade profundamente enraizada de todos os humanos de se entreterem. Histórias são ilustrativas, facilmente memoráveis e permitem que qualquer empresa crie vínculos emocionais mais fortes com os clientes.

A Nielsen comprovou por meio de estudos que os consumidores querem uma conexão mais pessoal na maneira como coletam informações. Nossos cérebros são muito mais engajados por contar histórias do que por fatos isolados.

Ao ler dados diretos, apenas as partes do idioma do nosso cérebro trabalham para decodificar o significado. Mas quando lemos uma história, não apenas as partes de linguagem de nossos cérebros se iluminam, mas qualquer outra parte do cérebro que usaríamos se estivéssemos realmente experimentando o que estamos lendo também será ativada. Isso significa que é muito mais fácil lembrarmos histórias do que fatos concretos.

A filósofa e teórica política Hannah Arendt argumenta que a narrativa transforma o significado privado em significado público. Independentemente do gênero do narrador e da história que ele está compartilhando, o desempenho da narrativa é do público que a ouve, e é aí onde está o poder. Por isso que políticos se valem desse recurso para se tornarem populares entre o povo.

Antes de contar uma história, é imprescindível identificar os elementos essenciais que fazem parte dela, bem como a linguagem, o estilo e a abordagem. Uma boa narrativa precisa basicamente: prender, ser visual, interativa, despertar emoções, apresentar fatos relevantes, promover diálogos realistas, mostrar um personagem que o público se identifique, tratar de um conflito a ser resolvido no desenvolver da história.

Além disso, um storytelling deve ter começo, meio e fim, assim como aprendemos na escola, e um bom uso do quem, quando, onde e porquê são pontos indispensáveis para um bom storytelling. As pessoas tendem a absorver melhor as informações quando ela está envolvida nesse tipo de estrutura.

Falando de copywriting, especificamente, poderia elencar diversos exemplos. Mas vamos relembrar a carta do The Wall Street Journal, citada no capítulo sobre cartas de vendas:

> Caro leitor,
>
> Em uma bela tarde de primavera, vinte e cinco anos atrás, dois jovens se formaram na mesma escola. Esses jovens eram muito parecidos. Os dois foram estudantes melhores que a média, ambos eram bem apessoados e os dois – como jovens colegas de graduação – eram cheios de sonhos ambiciosos para o futuro.
>
> Recentemente, esses dois homens retornaram para a faculdade para o 25% encontro.
>
> Eles ainda eram muito parecidos. Ambos estavam felizes e casados. Ambos tinham filhos. E os dois acabaram indo trabalhar para a mesma empresa de manufatura após a faculdade, e ainda estavam lá.
>
> Mas havia uma diferença. Um dos homens era gerente de um pequeno departamento da empresa. O outro era o presidente.

O autor desse texto inteligentemente deixa a história em aberto, a fechando somente no fim da carta, onde a mensagem principal já havia sido passada.

Certa vez, escrevi num e-mail:

> Oi!
>
> Preciso compartilhar uma história com você...
>
> É sobre um vendedor no seu primeiro dia de trabalho numa dessas lojas que vendem de tudo, de parafuso a aeronave.
>
> No fim do dia, o gerente de RH o gerente de RH ficou desapontado com o desempenho do novato, que só havia feito uma venda.
>
> Então o gerente o chamou para conversar...
>
> "Bem, se você só fez uma venda, enquanto todos aqui fazem de 20 a 30, diga-me o quanto você vendeu..."
>
> "Exatos R$ 145.256,32!", respondeu o rapaz.

Diga-me sinceramente se não ficou com vontade de saber o fim da história. Não bateu uma curiosidade em saber como o vendedor conseguiu um faturamento tão alto apenas com uma venda?

ELEMENTOS ESSENCIAIS PARA UM BOM STORYTELLING

No livro "A Arte de Escrever Para a Web", destaco 6 elementos essenciais para a construção de uma boa história. Ao seguir esse "Checklist", ficará mais fácil para você saber como construir uma boa narrativa para seu copy:

1. **Personagens.** Pessoas, humanos, com atributos e limitações, sucessos e fracassos vividos (experiência). Esses personagens precisam ter o lado humano elevado, ou seja, precisam ser mais anti-heróis do que super-heróis.
2. **Enredo.** Uma boa história para o marketing precisa de uma problemática. Quem sabe um passado aparentemente perfeito que foi tomado por um problema que se tornou forte demais para ser ignorado.
3. **Uma sugestão fatal.** O que isso quer dizer? Que um storytelling voltado para o marketing precisa mostrar uma 'visão negra' de quão fatal será o futuro, caso o problema não seja resolvido.
4. **Solução.** Aqui o problema deve ser resolvido. O segredo ou a chave para salvar o personagem, ou personagens, do suposto problema. Essa chave visa mudar o curso da história e promover um final feliz.
5. **Uma visão otimista.** Uma visão 'extraordinária' do futuro, caso o segredo seja adotado e a solução seja alcançada.

6. **Continuação.** A sexta e última etapa deve apresentar um mapa com os próximos passos da jornada rumo à salvação. Em palavras mais exatas é conduzir seu leitor a ter o mesmo futuro glorioso de seu personagem principal.

Aliás, é bom que você leia sobre Jornada do Herói, um roteiro perfeito para construção de storytelling...

A JORNADA DO HERÓI

> "Um herói é um indivíduo comum que encontra
> a força para perseverar e resistir, apesar dos
> obstáculos devastadores."
> — *Christopher Reeve*

Muitas empresas já entenderam que uma história bem contada é uma forma excelente de conectar o público a uma marca. E quem começa a pensar em aplicar a arte de contar histórias, o storytelling, para conquistar mais pessoas, precisa imediatamente aprender o que significa a jornada do herói. O conceito é essencial para criar narrativas que de fato engajam – e por isso decidi colocar isso num capítulo separado logo após a explicação sobre storytelling.

Em termo erudito, Jornada do Herói é "Monomito", uma concepção cíclica presente em narrativas mitológicas. Quem difundiu o conceito foi o antropólogo Joseph Campbell, exímio pesquisador da escrita, que possibilitou o entendimento da narratologia, a ciência da narrativa. Em seu livro, "The Hero With a Thousand Faces" (O Herói de Mil Faces), de 1949, Campbell cria um verdadeiro divisor de águas na arte de contar histórias.

Anteriormente usada em romances e obras de aventura, a Jornada do Herói também se tornou essencial na hora de contar a história de uma marca. Isso porque, assim como em outras formas de narrativa, a presença de um personagem é fundamental. Quando posto em prática, esse modelo de narrativa faz o leitor se conectar mais facilmente à história, percebendo uma sintonia entre sua pessoa e o personagem central da trama.

Conceitualmente, o processo se divide em três partes:

1. **Chamada.** A etapa que mostra o herói aspirando à sua jornada.
2. **Iniciação.** Parte do enredo formada por diversas aventuras vividas pelo herói ao longo do caminho.
3. **Retorno.** O momento em que o herói volta para casa com experiência, conhecimento e os poderes que adquiriu durante a aventura.

Dentro desses três pilares, existe o que chamamos de os "12 estágios da jornada do herói", etapas que formam o enredo em sua totalidade. Importante destacar que nem sempre eles serão seguidos à risca, podendo ser adaptados de acordo com o tipo da história. No entanto, é fundamental conhecê-los e aprender o que cada estágio representa na hora de criar uma narrativa que conquiste pessoas.

OS 12 ESTÁGIOS DA JORNADA DO HERÓI

1. **Mundo Comum.** O primeiro estágio forma o ambiente normal, onde o herói vive junto a outras pessoas, antes de iniciar sua grande aventura.
2. **A Chamada.** Aqui um desafio surge e acaba influenciando o herói a sair de sua zona de conforto para cumprir uma missão.
3. **Recusa ou Reticência.** O personagem tende a recusar ou demorar a aceitar a chamada, resistindo a "entrar na dança". Quase sempre é porque tem medo e sente-se inseguro ou incapaz.
4. **Mentoria.** No quarto estágio ele se encontra com um mentor, sábio, oráculo; recebe uma ajuda divina ou sobrenatural que o motiva a aceitar a chamada, concedendo-lhe o conhecimento e a sabedoria para encarar a aventura.
5. **Cruzamento do Primeiro Portal.** Onde o herói emerge do mundo comum e ultrapassa um portal que leva a um mundo especial, mágico, uma outra dimensão.

6. **Provações, aliados e inimigos.** No sexto estágio, o personagem passa por testes, enfrenta problemas, incógnitas surgem. Nesta etapa ele também encontra aliados e enfrenta inimigos e acaba aprendendo as regras do novo mundo.
7. **Aproximação.** O herói vence as provações.
8. **Provação difícil ou traumática.** A maior dificuldade da aventura aparece, como um caso de vida ou morte. Esta é a parte mais dolorida do enredo.
9. **Recompensa.** O personagem escapa do fim trágico, supera o medo e adquire a fórmula mágica, a recompensa por ter aceitado o desafio.
10. **O Retorno.** Retorna para o mundo comum, volta ao ponto de partida.
11. **Ressurreição.** Outro momento decisivo na vida do personagem, mais um teste no qual ele enfrenta o perigo, a morte e deve usar com veemência tudo que foi aprendido, inclusive a fórmula mágica.
12. **Regresso com a fórmula.** Volta para casa com a fórmula a fim de ajudar a todos de seu mundo comum.

"Mas como posso incluir isso no meu copywriting?", você deve estar se perguntando. Bem, todo mundo tem uma história para contar, não é mesmo? Algumas são bem interessantes e possuem um grande potencial de engajamento. A ideia é simplesmente usar isso na construção do texto persuasivo. No caso da Jornada do Herói, nem sempre se conseguirá seguir todos os passos na ordem e à risca, mas é bom sempre colocar dentro do modelo, já que ele costuma funcionar indiscutivelmente bem.

Enfim, seres humanos são moldados por experiências de vida, tanto pessoais, quanto profissionais. Na hora de escrever seus discursos, faça com que sua bagagem, ou da marca sobre qual você está escrevendo, chegue a seu cliente. Ao compartilhar histórias sobre sua própria vida, e também as vidas das pessoas a quem você serve, você estará agindo de forma inteligente e terá mais força para levar o leitor à ação, que é objetivo final do copywriting.

Fazer isso é oferecer às pessoas a oportunidade de criar conexões e se sentirem como se lhe conhecessem há tempos. O storytelling forma o fator narrativo, perfeito para resultados únicos, quando se usa histórias relacionadas a seu negócio para inspirar, emocionar, motivar e tornar sua marca memorável dentro de uma comunicação.

LISTA DE INSPIRAÇÃO

Star Wars

Luke Skywalker sonha ir para a Academia como seus amigos, mas se vê envolvido em uma guerra intergaláctica quando seu tio compra dois robôs e com eles encontra uma mensagem da princesa Leia Organa para o jedi Obi-Wan Kenobi sobre os planos da construção da Estrela da Morte, uma gigantesca estação espacial com capacidade para destruir um planeta. Luke então se junta aos cavaleiros jedi e a Han Solo, um mercenário, e junto com membros da resistência tentam destruir esta terrível ameaça.

O Senhor dos Anéis

Numa terra fantástica e única chamada Terra-Média, um *hobbit* (ser de estatura entre 80 cm e 1,20m, com pés peludos e bochechas um pouco avermelhadas) recebe de presente de seu tio o "Um Anel", um anel mágico e maligno que precisa ser destruído antes que caia nas mãos do mal. Para isso o hobbit Frodo terá um caminho árduo pela frente, onde encontrará perigo, medo e personagens bizarros. Para o cumprimento desta jornada aos poucos ele poderá contar com outros *hobbits* ao seu lado, um elfo, um anão, dois humanos e um mago, totalizando nove pessoas que formarão a Sociedade do Anel.

Batman Begins

O jovem Bruce Wayne cai em um poço e é atacado por morcegos. Bruce acorda de um pesadelo sobre seu passado e descobre que é prisioneiro no Butão. Ele é apresentado a Henri Ducard, que fala por Ra's Al Ghul, líder da Liga das Sombras, e o convida para ser treinado pela elite de vigilantes. A narrativa retorna à infância de Bruce, para quando seus pais são assassinados por Joe Chill. Chill é preso e Bruce é levado para casa onde é criado pelo mordomo de sua família, Alfred Pennyworth. Após vários acontecimentos, Batman se torna um herói público e Bruce ganha controle da sua companhia; ele demite o antigo presidente, William Earle, e o substitui por um aliado, o Fox.

PARTE 5

CONTEXTOS

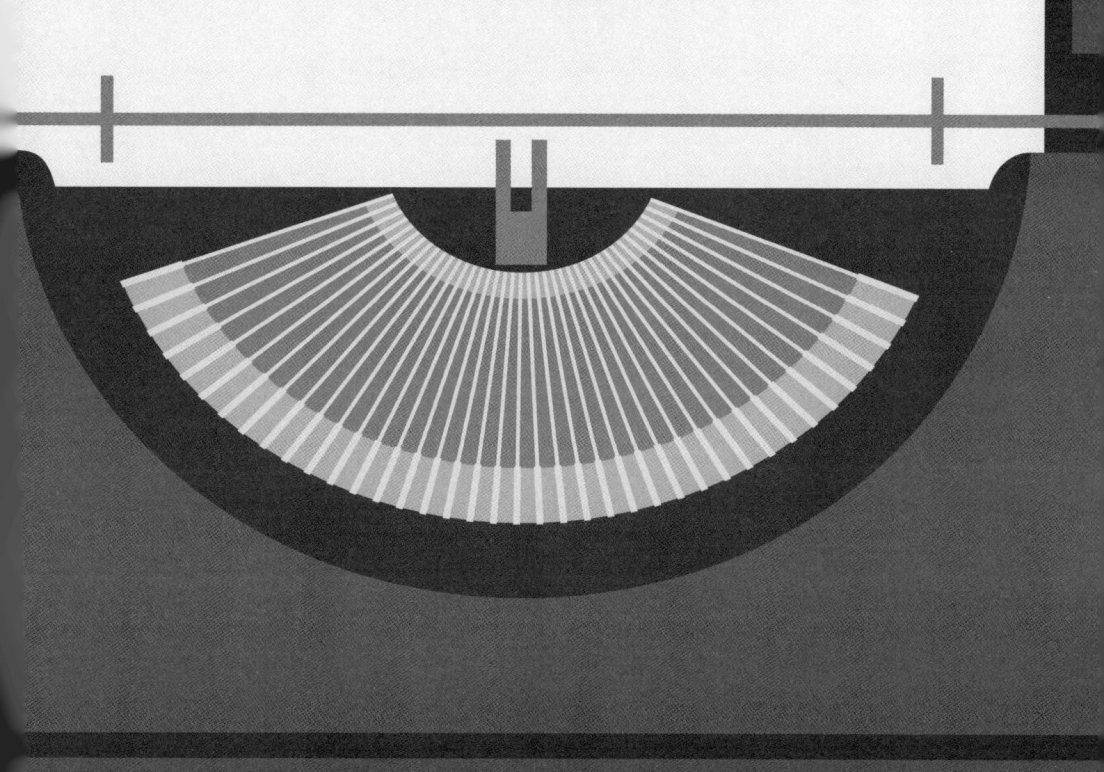

VSL

> "Tomadores de decisão nos negócios amam vídeo online porque lhes dá a maior quantidade de informação no menor tempo possível."
> — *Robert Weiss*

VSL é abreviação de Video Sales Letter, algo como "Carta de Vendas em Vídeo". Em geral, é apenas uma maneira sofisticada de dizer que um vídeo é focado em vendas e apresenta uma oferta de produto ou serviço. Provavelmente você já viu isso por aí. Se alguma vez que você clicou em um link e acabou em uma página de destino que tem um vídeo no topo com um botão embaixo, você encontrou um VSL.

Infelizmente, os VSL's são frequentemente usados por todos os tipos de profissionais de marketing – e isso inclui spammers. Vídeos convertem muito bem, e isso é um fato. Essa é também uma razão para muitos profissionais de marketing adotarem o VSL. Tudo o que se empurra numa página para obter mais vendas será aproveitado em todos os níveis do espectro de marketing, desde grandes marcas até os pequenos marqueteiros digitais.

Ao fazer pesquisas para compor este capítulo percebi o quanto o VSL é um tema difícil de pesquisar, simplesmente porque todo mundo que escreve a respeito está vendendo alguma coisa. Eles podem estar lançando suas próprias ofertas de VSL como "exemplos" ou podem estar vendendo métodos ou softwares para criar seus próprios VSLs. Isso é válido, mas de qualquer forma, eles não são objetivos ou informativos, são focados em vendas. É por isso que estou tentando ser informativo sobre esse assunto aqui.

Primeira coisa: elementos como setas e outros tipos gráficos não serão suficientes se o texto for ruim. Você precisa compor algo realmente atrativo, impactante e interessante. Por isso é válido encarar seu vídeo como uma "carta de vendas". Os mesmos princípios usados num texto comercial poderoso pode ser usado num VSL.

Outro fato é que vídeos muito longos, de 30 a 40 minutos, estão convertendo cada vez menos, e por isso é válido quebrar o padrão. Os VSL que tenho escrito estão no meio termo. Procuro criar algo em torno de 5 a 10 minutos, talvez um pouco mais curto. A ideia é que o vídeo não seja longo demais para as pessoas assistirem, mas também que não seja curto demais para fornecer informações ou persuasão suficiente.

E o que influencia no resultado é a forma como o VSL é gravado. Dependendo do tipo de produto, público e contexto, o tradicional slide branco com texto simples não funciona. Da mesma forma que uma megaprodução, em alguns casos, é ineficiente. Consultar especialistas e analisar cases de sucesso é recomendável.

É bom evitar também forçar muito a barra com frases "batidas", como "Assista a este vídeo", "Você não vai querer perder", "Isso vai mudar sua vida". Seja criativo e naturalmente persuasivo. O objetivo do vídeo, claro, é persuadir o visitante a aceitar sua oferta, mas deve-se evitar soar forçadamente vendedor.

Uma das marcas de uma carta de vendas, ou uma carta de vendas de vídeo, é um alto grau de direcionamento restrito.

Um VSL é projetado para capturar o interesse de um segmento restrito de um público, mas para fazê-lo muito bem. Em vez de tentar capturar 0,1% de 100.000 pessoas, ele tenta capturar 50% de 5.000 pessoas. Isso significa que qualquer pessoa fora desse público restrito irá ignorá-lo, ridicularizá-lo ou condená-lo como uma farsa, mas é bem provável que qualquer pessoa que trabalhe nesse público restrito converta-se.

RECEITA DE LASANHA

A produção de vídeos de vendas há alguns anos era extremamente cara; hoje em dia, ela pode ser realizada com um custo muito baixo e com um alcance exponencialmente maior. No entanto, essa "facilidade tecnológica" acaba, muitas vezes, impedindo a ação da criatividade. Vivemos na era dos templates, dos modelos testados e fórmulas prontas, o que acaba resultando no "mais do mesmo".

Isso acontece porque é muito mais fácil pegar o que já está pronto e só mudar o que for preciso em vez de criar algo original. Mas, ao mesmo tempo em que os templates existem para facilitar a produção de um vídeo que seja visualmente interessante, a conveniência que eles trazem podem ofuscar a qualidade do conteúdo.

Para evitar isso, aconselho que use os princípios aprendidos neste livro para criar algo novo, mesmo que use alguma estrutura pronta. O que alguns profissionais não compreendem é que dá para ser original e criativo mesmo se baseando em templates. Contar com uma pré-disposição de elementos não quer dizer que você tenha que dar um "copie e cole" em algo já lançado por alguém.

Por exemplo, o especialista em VSL, Jim Edwards, propõe uma sequência interessante para um roteiro capaz de entreter e envolver o consumidor em potencial:

- Abra com uma afirmação chocante;
- Estabeleça o problema e explique porque ele é importante;
- "Problematize" o problema (ou seja, mostre a pior das hipóteses);
- Torne o problema pior (ou seja, ultrapasse os limites do emocional);
- Apresente a solução;
- Mostre credibilidade (porque eles deveriam ouvir o que você fala);
- Prove que o que você diz é verdade;
- Liste os principais benefícios do seu produto ou serviço;
- Especifique as razões para agir agora;
- Faça o fechamento.

Esse é um bom esquema e você pode usá-lo como base para seu copy. O trabalho a ser feito é pensar em como escrever com as melhores palavras e formar frases certeiras em cada etapa do *script*. Seguir uma "estrutura" não é plagiar. É totalmente válido ter uma receita para fazer uma lasanha. Nela estão os ingredientes e o modo de preparo. Você precisa seguir o passo a passo e compor o seu próprio prato. Agora pegue partes de lasanhas preparadas por outras pessoas, coloque na sua travessa e tente formar um prato bonito com sabor consistente. O resultado provavelmente será desastroso.

MÃO NA MASSA

Há algumas desvantagens em usar VSL. Em primeiro lugar, como mencionei algumas vezes, eles são usados por muitos sites como spam. Se você não for cuidadoso com a maneira como você cria seus vídeos, seu site poderá se parecer com um desses, e as pessoas estão ficando cada vez mais céticas sobre essas páginas. Para evitar ser comparado com sites duvidosos, você só precisa andar no lado certo da linha.

Há também a questão do tempo, áudio e mobilidade a considerar. Nem todos os usuários terão tempo para investir assistindo a um vídeo. Mesmo que tenham tempo, eles podem estar navegando em um dispositivo móvel usando um plano de dados e não querem usar seus limites de dados em seu vídeo. Por isso é bom testar. Eu aconselho a alguns dos meus clientes que sempre façam testes, usando o copy em texto em formato de carta e uma adaptação em vídeo.

Geralmente, um dos maiores inconvenientes de uma carta de vendas de vídeo para alguns profissionais de marketing é a dor para produzir. Você tem que escrever um script e ter certeza de que é atraente. Por isso na maioria dos casos contar com a mão de obra de um especialista em copywriting e roteiro é o melhor caminho. Além, claro, do investimento na produção propriamente dita.

Talvez você não possa se dar a esse luxo hoje e tenha que produzir seus próprios vídeos. Nesse caso, terá que apostar no que é viável. Nesse caso, busque boas referências, aprenda o mínimo sobre roteiro e use seu conhecimento em copywriting para escrever. Ah, e decida que tipo de vídeo você quer.

Você quer que seja um vídeo escrito em quadro branco? Você quer animações simples ou esboços desenhados? Você quer que as pessoas façam coisas aleatórias e vagamente com sua narração no fundo? Você quer um baralho simples de slides no estilo Powerpoint? Você quer ter uma pessoa narrando ou falando diretamente para o público? São perguntas simples, mas que fazem a diferença na hora de decidir que tipo de VSL lançar.

Depois de ter um roteiro e uma ideia da direção, você precisa filmar ou criar o vídeo, e essa é uma habilidade que poucos têm. Mas o problema pode ser resolvido com um pouco de esforço e criatividade (novamente ela). Um microfone, um gravador de voz, um programa de edição pode resolver, desde que a locução também seja boa. O "faça você mesmo" é válido e o "feito é melhor que perfeito" também. Use o bom senso, seja criterioso e (mais uma vez) faça testes. Se vende, funciona.

LISTA DE INSPIRAÇÃO

EXEMPLO 1: COMBATE AO ABUSO E VIOLÊNCIA INFANTIL ("ELEMENTO CHOQUE")

Certa vez, iniciei o copy de um VSL com o seguinte texto:

> **Atenção:** As cenas a seguir são fortes e retratam a pura realidade que está acontecendo com os jovens de hoje.
>
> *(Choque – Vídeos de Baile Funk, Erotismo no WhatsApp, Adolescentes Drogados).*
>
> Você sabe o que levou esses adolescentes a chegarem a esse ponto?
>
> Uma educação falha e sem cuidados.

> Todos esses adolescentes, assim como seu filho, tem uma casa para morar, uma família que trabalha o dia inteiro para dar o melhor para eles...
>
> Todos esses adolescentes frequentam suas escolas e alguns tem notas relativamente altas.
>
> Mas você já parou para pensar o que levou eles a chegarem a esse ponto, de cometer essas barbaridades com eles mesmos?

Tratava-se do copy de um curso de combate à violência e abuso infantil. Meu objetivo com o trecho foi de realmente impactar e estabelecer um interesse imediato por parte do público, formado por pais e mães. O "elemento choque" foi usado para estabelecer a conexão. Isso é algo que pode funcionar bem, dependendo do caso.

EXEMPLO 2: PRODUTO DE RENDA EXTRA (PROMESSA IMEDIATA)

Para um produto de renda extra, optei por iniciar assim:

> Olá, você já sonhou alguma vez em poder pagar todas as suas contas e ainda ter dinheiro o suficiente para planejar uma viagem ou comprar o que você tiver vontade?
>
> Ou então, encontrar uma oportunidade de negócio, com baixa concorrência, onde garanta uma renda excelente por mês e você não precisa nem sair de casa para isso?
>
> E se eu dissesse para você que este sonho pode estar a 28 dias de começar a se realizar?
>
> Meu nome é Maria e eu quero apresentar para você uma oportunidade diferente de todas que você já viu por aí.
>
> Quero apresentar uma oportunidade que tem mudado a vida de mais de 2.391 mulheres em todo o Brasil, de todas as idades e profissões.

> E como você vai notar, ainda tem espaço para mudar muito mais, ao contrário de outras falsas promessas que você vê em todas as esquinas da sua cidade.

A ideia deste texto era apresentar a promessa imediatamente, estabelecendo uma conexão emocional a partir do primeiro segundo. Essa é uma forma clássica de iniciar um vídeo de vendas, e ainda funciona muito bem, desde que sua promessa seja forte e que faça brilhar os olhos da sua persona.

EXEMPLO 3: PRODUTO DE COACHING (ESPECIFICIDADE)

Alguns trechos usados para fortalecer os argumentos de um VSL de um produto de coaching:

> **Trecho 1:**
>
> Para se ter ideia, uma pesquisa da Isma Brasil diz que 72% das pessoas estão descontentes com o trabalho...
>
> Além disso, a Accenture mostra que cerca de 3.900 gestores de mídias e grandes empresas em 31 países, inclusive o Brasil, estão aborrecidos com o trabalho que exercem.
>
> Quando questionados sobre as principais barreiras para mudar esse cenário...
>
> ...42% dos entrevistados citaram a falta de oportunidades e de um plano de carreira claro...
>
> ...e 20% mencionaram as responsabilidades familiares.
>
> **Trecho 2:**
>
> Tudo que você vai ter acesso na Formação XPTO e, absolutamente tudo, já foi testado, comprovado e validado inúmeras vezes por coaches de diferentes partes do mundo.

> Para você ter ideia, dos mais de 2.723 alunos que já formamos, 73% ganharam dinheiro com coaching.
>
> Alguns tiveram o retorno do investimento na formação com a primeira venda.
>
> Se você está interessado em participar deste programa e fazer desse grupo de pessoas transformadas, faça sua inscrição agora mesmo.

    A regra da especificidade possui o propósito de chamar a atenção das pessoas por meio dos detalhes específicos que você gera em seu copy. Nesse contexto, usar números e situações específicas geram mais credibilidade. Compor trechos em seu copy que soem específicos é uma excelente forma de conectar e gerar ações por parte de seu potencial comprador.

EXEMPLO 4: CURSO DE COPYWRITING (AUTORIDADE)

    Trecho de um VSL usado para vender meu próprio curso de copywriting:

> Mas quem sou eu para lhe recomendar esse método?
>
> Meu nome é Paulo Maccedo.
>
> Tenho 29 anos e sou analista de marketing pela Metodista de São Paulo.
>
> Há quase 10 anos me dedico à comunicação.
>
> Já escrevi mais de 2000 artigos, publiquei 4 livros, sendo um best-seller, e estive à frente de centenas de estratégias de marketing de resultados.
>
> Nos últimos 5 anos, meus estudos foram dedicados ao copywriting. Li os principais materiais em inglês e português,

> mergulhei fundo em biografias e métodos de grandes gênios, como:
>
> Powers, Hopkins, Ogilvy, Bernbach, Halbert, Kennedy, Abraham.
>
> E agora quero passar isso adiante.

Apliquei o princípio da autoridade. Se existe uma coisa capaz de elevar seus resultados no marketing digital é a autoridade. Quando você tem autoridade, as pessoas te ouvem e te respeitam, e dependendo do nível, tudo o que você cria, fala, lança ou promove, recebe a devida atenção.

E-MAIL

"O e-mail tem uma capacidade que muitos canais não conseguem: criar toques pessoais e valiosos em escala."
— *David Newman*

O e-mail marketing é a utilização do e-mail como ferramenta de marketing direto. O recurso começou a ser usado nos anos 1990, quando empreendedores e profissionais de marketing perceberam a oportunidade que essa nova forma de comunicação digital representava para os negócios.

O e-mail tem uma capacidade de fazer o que muitos canais não conseguem: criar toques pessoais e valiosos em escala

Na época, percebeu-se que o e-mail era uma forma bastante rápida de entrar em contato com clientes e potenciais clientes, com custo indiscutivelmente menor em relação ao envio de mala direta. Para se ter ideia, em 1995 o número de e-mails marketing enviados já era maior que o total de envios feitos por mala direta.

Conforme a tecnologia e internet foram evoluindo, o e-mail marketing foi se consolidando e sendo cada vez mais adotado de forma comercial. Em meados dos anos 2000, a explosão das redes sociais chegou a ameaçar a permanência da ferramenta.

Muitos sugeriram que seria o fim do e-mail, mas o que aconteceu na realidade foi uma busca por integração, tanto por parte dos profissionais de marketing, quanto por parte dos usuários em geral. Hoje, o e-mail e as redes sociais são usados juntos na atração, relacionamento com clientes e vendas de produtos e serviços.

O e-mail marketing ainda é uma das estratégias de comunicação mais assertivas, principalmente porque 92% da população adulta já utiliza e-mails (de acordo com a Pew Internet).

O e-mail marketing e o spam são parecidos, porque ambos visam a divulgação de alguma coisa (produto, serviço, ideia) a um grande público. No entanto, diferente do spam, no e-mail marketing há consentimento por parte do destinatário.

Ou seja, mensagens de e-mail marketing são direcionadas a quem permitiu o envio previamente. Já o spam é feito por meios ilícitos, sem o desejo da pessoa de receber as mensagens. Por isso quem compra lista de contatos de e-mail para promover alguma coisa está na verdade praticando spam. Esse é o motivo pelo qual você nunca deve comprar listas prontas. O ideal é que você construa sua própria base oferecendo conteúdos para as pessoas em troca do contato delas.

GÊNEROS

Uma estratégia de e-mail marketing sem copywriting tem grandes chances de falhar. Para obter as conversões necessárias, o que significa basicamente gerar boas taxas de aberturas e de cliques, você precisa caprichar nas comunicações. E isso quer dizer saber exatamente para que contexto você está escrevendo.

Para muitas pessoas, o termo "e-mail marketing" gera automaticamente a imagem de um e-mail com apenas um propósito: vender. Na verdade, há muitos tipos de comunicações feitas através de e-mail visam gerar um tipo de ação por parte dos seus contatos. Algumas não são diretamente relacionadas a vendas, mas podem contribuir significativamente para o objetivo final do cliente utilizando outros caminhos. Além do e-mail diretamente comercial, vou listar outros tipos:

E-MAIL COMERCIAL

Esse tipo de email geralmente é voltado à venda propriamente dita. As mensagens para esse modelo de e-mail são objetivas de forma que, ao bater os olhos no texto, os usuários identifiquem as ofertas. É uma forma rápida de fazer com que suas promoções cheguem ao conhecimento do público.

Nestes casos, muitas vezes é recomendável criar um texto envolvente e persuasivo em que o usuário seja impactado com sua oferta. Para que funcione, além de prender a atenção pelo estímulo textual, você precisa usar alguns recursos como links para fazer o contato tomar a ação desejada.

Um exemplo:

Assunto: Seu ingresso para o jogo de gente grande...

Caro (Nome do lead),

O que falta para você começar a vender online todos os dias?

Você já está apostando suas fichas no método certo?

Se sim, feche este e-mail e continue vendendo e faturando alto com o marketing digital.

Mas se esse ainda não é o seu caso, leia este e-mail e siga o conselho que coloco nele.

O conselho é que você use o (nome do produto).

"Mas por que eu devo fazer isso?", você pode argumentar.

Na verdade, há três razões e cada uma delas é muito importante:

Primeiro, o (nome do produto) não é qualquer curso de marketing digital. Não. O que eu ensino nele é testado e aprovado...

Este é o mesmo método utilizado aqui na (nome da empresa) a cada novo produto e, como eu mostrei em e-mails anteriores, ele já foi responsável por mais de 1297 vendas só nos últimos 30 dias. Com 98,9% de retorno.

Segundo, diferente de falsos treinamentos do mercado, eu entrego algo realmente aplicável. Você poderá usar uma série de modelos e templates para encaixar no contexto do seu negócio. Sem complicações, sem travas.

Isso evitará que você compre o curso e não execute – e que perca o dinheiro investido.

E **terceiro**, você pode comprá-lo hoje por um preço promocional. Isso é muito importante. Este é o momento de você reservar uma das poucas vagas, já que o contador está rodando e esse preço vai ser mantido apenas até ele zerar.

E isso não é papo de guru, nem de marqueteiro charlatão. Eu não preciso disso. Realmente, quando o contador parar, o valor do (nome do produto) vai aumentar e você pagará o dobro por ele.

Francamente, esta é a hora para você começar a vender e começar a ganhar dinheiro de verdade com o marketing digital.

É isso que você deseja, não é?

Então pegue seu ingresso para o jogo de gente grande.

Vamos encarar. Como empreendedor, você precisa agir com inteligência e rapidez. Minha pergunta para você é:

Por que não ir até o fim?

Clique neste link e comece a fazer o que dá certo.

Estou te esperando junto aos outros homens de negócios que já tomaram a decisão.

(Sua despedida)

(Seu nome)

> PS.: O valor do (Nome do produto) é de R$ 0.99 por dia, mas se isso é muito alto nesse momento eu respeito o seu momento atual. Talvez o (nome do produto) não seja para você agora. Mas se você sabe que pode investir apenas R$ 0.99 para aprender como construir audiência vendendo, essa é realmente uma rara oportunidade – e você não pode perdê-la!
>
> PPS.: Além dos módulos aplicáveis, também estou oferecendo 2 bônus que vão minimizar todos os riscos e aumentar o lucro de suas campanhas gerando mais faturamento por cliente. (Veja aqui!)

NEWSLETTER

O newsletter é um tipo de e-mail informativo cujo foco é aproximar os contatos de uma marca, criando um relacionamento entre empresas e clientes. Por isso, estas mensagens devem oferecer informações relevantes ao público-alvo.

Elas precisam trazer conteúdos de qualidade, que gerem interesse, fazendo com que cliquem e sejam levados ao seu site, blog ou rede social. Em muitos casos esses conteúdos não estão diretamente relacionados a produtos, mas de alguma forma interligados.

Uma empresa que tem um newsletter genial é a The BRIEF. O exemplo:

> Assunto: Confirmar Uber?
>
> ---
>
> 17 de outubro, Quarta
>
> **Aguarde seu IPO no ponto de partida**
>
> Não faz muito tempo que a Uber teve de **fechar** um acordo um tanto bitter sweet. Talvez mais bitter, do que sweet. Para re-

ceber um aporte bilionário do SoftBank, a companhia de ride hailing aceitou diminuir seu valuation de USD 70 bilhões para USD 48 bilhões. Uma baita baixa. Daí veio a Toyota, há dois meses, e voltou a levantar o ego da empresa. Colocou USD 500 mi, num contrato que avaliou o negócio em USD 76 bilhões. Agora, esqueça todos esses números, porque o Morgan Stanley <u>mandou</u> sua proposta de valuation para a Uber: USD 120 bilhões. É. Holy shit.

Avaliação: 5 estrelas

O número teria sido entregue mês passado, junto com direções de como a companhia deve posicionar suas ações. É que a dona do aplicativo de caronas pretende fazer IPO no segundo semestre de 2019. E enviar toda essa papelada é o que bancos de investimento fazem para mandarem aquele "alou", na expectativa de serem contratados para ajudar na abertura de capital. Repare: fora ser USD 40 bilhões maior do que o montante do último round, o valor é superior ao market cap de General Motors, Ford e Fiat Chrysler so-ma-dos. É. Holy Shit[2].

Seu lucro chegará em três anos

Você está lendo esta notícia porque: a abertura de capital da Uber está entre as mais esperadas (paywall) tanto por Wall Street, como pelo Vale do Silício. Desde sua fundação, há nove anos, a empresa foi sustentada por dinheiro privado e se posicionou com força entre os unicórnios que "escolheram esperar" e não entrar na Bolsa tão cedo. Em outras palavras: levantou mundos e fundos em venture capital, sem data para estrear em Nasdaq ou NYSE para os investidores ganharem um dinheirinho*. Some a isso o fato de que, como outros negócios que hoje brilham nas manchetes do mundo tech, a Uber ainda fecha no vermelho. O CEO, Dara Khosrowshahi, só vê o baú de lucros chegando daqui a três anos. Assim, muita gente acredita que a entrada da ride hailing no mercado será um termômetro para outras startups (alguém falou em Airbnb?).

Compartilhe sua viagem com os investidores

*Até onde se sabe, não estava nas prioridades de Mr. DK dar o ar da graça em Wall Street. O sujeito assumiu a Uber em agosto do ano passado, no momento mais difícil da história da empresa. Sabe como é, o founder Travis Kalanick teve de deixar o comando do barco, mas não queria deixar o comando do barco e, para isso, brigou com acionistas pelo comando do barco. A coisa foi resolvida quando o SoftBank entrou no rolê, junto com um cheque de USD 10 bilhões. Por queimar muito capital (só com seu braço de carros autônomos, USD 750 milhões foram torrados ano passado), o negócio precisa de injeção de dinheiro constante. Assim, não dá para dispensar USD 10 bi (quando dá?). Só que o conglomerado japonês tinha suas condições. Fora Kalanick precisar se resolver com os acionistas, a Uber teria de diminuir seu valuation (como falamos lá em cima) e prometer o IPO até o final de 2019.

Os termos, em linhas gerais, determinam que caso a companhia não realize sua abertura de capital até o fim do próximo ano, acionistas que injetaram ao menos USD 100 milhões ou mantiveram ações por cinco anos podem vender seus papéis. Ou seja, algo que dificultaria e muito a chance da companhia controlar o valor das stocks depois.

Localização atual

Agora, de volta aos USD 120 bi. Tem motivo para o Morgan Stanley avaliar a Uber com tanta moral. Primeiro, porque o banco está levando em conta o potencial de mercado da ride hailing, que é enorme. Depois, porque considera outros negócios fora o app de corridas. Entram aqui 1) a participação que a empresa possui nas concorrentes Grab e Didi Chuxing, depois de ter de ceder suas operações a elas e ficar com uma **fatia generosa** de cada uma; 2) o UberEats. O braço de delivery é visto com bons olhos porque atingiu proporções generosas ao longo de seus quatro anos de operação. Está, hoje, em 500 cidades por este planeta chamado Terra e deve fechar o ano com USD

> 6 bilhões em pedidos – dos quais a sua empresa mãe fica com uma fatia. Apesar de, assim como o aplicativo, ainda queimar uns bons dólares, o serviço de entregas de comidinhas deve começar a lucrar mais cedo – o que pode equilibrar as contas.
>
> Como foi sua viagem com a concorrente?
>
> Só que, se tudo correr como o esperado, a Uber não será a pioneira das ride hailings em Wall Street. A Lyft também está pronta para embarcar nessa onda. Concorrente direta nos EUA e no Canadá, a companhia do moustache diz que seu IPO vai rolar no começo de 2019. O movimento é estratégico porque, ao listar seus papéis antes, deve evitar comparações com o desempenho das stocks da rival mais famosa. Além de chamar a atenção de investidores de olho no setor. Vale lembrar que as pretensões da Lyft são mais humildes – a startup foi avaliada em USD 15 bilhões na última rodada de investimento. Mas vai que ela também recebe uma cartinha do Morgan Stanley.
>
> >>> Morgan Stanley: trabalhando a autoestima das big techs desde 1935 (ou não)

Repare como é bem informativo. Você não precisa escrever tanto como eles, mas pode se inspirar para entregar um conteúdo de extrema qualidade para seus contatos. Talvez, possa apenas fazer uma chamada para um novo artigo ou vídeo publicado pela sua marca. Independente da forma, use a criatividade e aguce o interesse do público.

NUTRIÇÃO DE LEADS

É possível inserir determinados contatos de sua lista em um fluxo de nutrição, que consiste em e-mails com conteúdo específico e relevante para os destinatários, de modo que eles caminhem pelo funil de vendas, facilitando a conversão em uma oferta futura.

O objetivo é deixar os leads mais prontos para avançarem para a etapa seguinte da jornada de compras. Eles recebem informações que estão de acordo com cada um dos estágios: Aprendizado, Reconhecimento do Problema, Consideração da Solução e Decisão de Compra.

Nesse caso, para criar um fluxo de nutrição de leads, é preciso ter algumas informações em mãos. Esses dados ajudam a planejar qual será a melhor abordagem para converter cada tipo de lead:

- Persona: qual é o perfil do lead que vai passar por esse fluxo de nutrição?
- Problema: qual a dor que essa persona precisa resolver?
- Stage: em que estágio essa persona está dentro do funil de vendas?

Depois de colocar-se na perspectiva do lead, é hora de pensar em que tipo de conteúdo ou material será enviado para movê-lo no funil. Considerando as informações iniciais de persona e dores, você precisa selecionar mensagens que conectem com as necessidades do lead para mantê-lo interessado na sua comunicação. Não existe regra, você precisa apostar na personalização.

SOFT, HARD E POST

Na área de e-mail marketing são usados 3 termos: Soft-Sell, Hard-Sell e Post-Sell. São metodologias utilizadas para a venda de produtos e serviços e usadas no e-mail com fins específicos. Apesar desses 3 modelos poderem utilizar o mesmo processo de venda, o tempo utilizado em cada atividade é inversamente proporcional.

De acordo com o dicionário da propaganda:

- **Hard-Sell:** venda pesada em inglês. Expressão utilizada para definir abordagens e mensagens de venda direta, de estilo promocional e sem sutilezas.

- **Soft-Sell:** soft é macio, em inglês. Expressão utilizada para definir abordagens e mensagens sofisticadas, requintadas e sutis.
- **Post-Sell:** pós-venda. Expressão que indica conjunto de atividades realizadas após a venda do produto ou a prestação do serviço.

VOU ABRIR ISSO

O corpo do seu e-mail é importante, claro, mas tudo começa na linha de assunto. Se o título do seu e-mail não for atrativo, a pessoa não vai abrir e ainda pode denunciá-lo como spam. A dica essencial é que use os mesmos princípios de composição de headlines para escrever linhas de e-mail poderosas.

Eu particularmente gosto de usar o princípio da curiosidade, o fator impacto e o storytelling nas minhas linhas de e-mail. Isso, claro, são só algumas das muitas possibilidades disponíveis. Tudo depende do objetivo, do público, do produto da visão de mundo e de mercado do copywriter.

Para inspirar você, confira algumas linhas de e--mail que eu usei em diferentes situações:

E.T. O Extraterrestre.
Quer namorar comigo?
Ele só queria comprar absorventes para a esposa…
O que fez aquele homem subir no palco?
Guerra Infinita
De volta para o Futuro
Maria [O nome do lead]
Você não é a Fafá de Belém, nem o Michael Jordan…
Carlos do futuro para Carlos do presente… [nome do lead]
Assuma o volante…
Chegou a hora de você tomar uma atitude…

ANÚNCIOS

"Queremos que os consumidores digam 'Este produto é genial'. Em vez de: 'Este anúncio é genial'."
— Leo Burnett

Emplacar bons resultados com anúncios na internet não é uma tarefa simples. Isso porque os usuários da internet têm o poder de ignorá-los sempre que quiserem. Gosto sempre de lembrar: na internet, o poder é do consumidor. Ele que escolhe o que quer ou não consumir.

Por isso a dinâmica interruptiva de anúncios está fracassando, e é necessário usar muita sutileza para conseguir se comunicar com o consumidor nesse oceano de estímulos audiovisuais que competem pela atenção do cliente que você está buscando.

Mas não se desespere, existem maneiras inteligentes de conseguir capturar o interesse do seu público. Talvez você não tenha reparado, mas este livro inteiro foi baseado mais em "alma" do que em "corpo". Isso porque o copywriting pode ganhar "peles" novas de acordo com o contexto e a época, mas a essência de um texto que converte permanece.

Eu poderia cometer o erro de falar de criação de anúncios de forma mais objetiva, expondo regras e mostrando modelos, mas esse é um setor que está em constante mudança. Portanto, o que vou apresentar nas próximas linhas é um apanhado de conceitos e práticas que podem valer para qualquer época (assim espero).

NÃO GRITE, SUSSURRE

Seth Godin tem uma frase que traduz bem o que eu quero dizer aqui: "Não grite para as massas; sussurre para poucos. As pessoas vão escolher falar sobre as coisas. Entregue suas ideias.". A primeira coisa que você precisa entender de uma vez por todas é que nós não estamos mais na época da rádio e televisão, onde as pessoas eram praticamente obrigadas a consumir propaganda. Elas não tinham muita escolha, e para continuar consumindo o conteúdo que queriam, tinham que esperar os comerciais terminarem.

Na Era digital e Pós-digital essa relação mudou drasticamente. O usuário na internet decide o tempo todo qual conteúdo, como e quando vai consumir. Uma vez que ele se sente interrompido por um anúncio, ele simplesmente ignora-o... ou pior, pode até se enfurecer e ter uma péssima impressão da sua marca ou produto.

Um bom anúncio não chama a atenção de forma gritante. Ele se destaca apenas para quem realmente interessa, de maneira convidativa e elegante. Como se estivesse lendo a mente do cliente que você quer conquistar, fazendo o usuário sentir que aquela comunicação está conversando com ela.

OBJETIVO E SEDUTOR

Quando fazemos anúncios para algumas plataformas, como o Facebook Ads, nem sempre há muito espaço para a escrita. O número de palavras em anúncios é escasso e você precisa impactar as pessoas logo de imediato. As técnicas de copywriting vão te ajudar a usar as palavras certeiras que alinhem o que o consumidor busca com o que você tem para oferecer.

É necessário ser sucinto na descrição dos seus anúncios, porém não precisa ser genérico. O ideal é fazer uma descrição objetiva do que o usuário vai encontrar no seu site se ele clicar no seu anúncio.

Mas tome cuidado, pois essa descrição não pode ser muito técnica, pois assim ela será muito fria. E para isso você precisa entender quais palavras utilizar para despertar certa emoção no usuário a ponto de fazê-lo clicar no seu anúncio. É aqui que o copywriting entra e os princípios da persuasão são sempre bem-vindos.

AS REGRAS E PRINCÍPIOS

As regras e princípios de persuasão ajudam muito na hora de construir anúncios. Eles ativam processos psicológicos automáticos que acontecem em nosso inconsciente, mas que tem muito poder nas nossas tomadas de decisão.

Os princípios da persuasão têm força porque estão sendo condicionados no cérebro humano há milênios. Eles são uma lembrança de que temos de economizar energia e tempo. Nosso cérebro é um processador de todo tipo de informação. Estamos o tempo todo sendo bombardeados de estímulos no ambiente circundante, e consumimos energia vital ao processar tudo isso.

Conforme fomos expostos a processos e situações semelhantes, nosso cérebro foi "catalogando" tudo isso e tornando padrão alguns comportamentos de forma a economizar nossa energia.

Por exemplo, pense em como amarramos nossos sapatos. Quando criança, precisamos pensar muito em como fazer isso pois ainda não adquirimos tal habilidade. O treinamento cotidiano de amarrar os sapatos aos poucos vai condicionando nossos gestos. Até que chega um momento que você nem precisa pensar em como amarrar os sapatos, você passa a fazer os movimentos de maneira automática.

Mas os gatilhos mentais não atuam apenas em situações banais do nosso cotidiano, como escovar os dentes ou tomar banho. Eles se fazem muito presente quando absorvemos informações de um texto e discurso e nos fazem adotar opiniões, posicionamento e ações de forma automática e inconsciente.

5 PALAVRAS PERSUASIVAS

Existem alguns termos que são muito populares entre os profissionais de copywriting porque possuem um elevado poder de persuasão na mente das pessoas. Veja quais são e faça testes na hora de escrever anúncios poderosos com base no copywriting:

1. **Agora.** Essa palavra têm a capacidade de trazer a pessoa para o presente, fazendo-a prestar atenção no que você diz naquele momento exato ou tomar uma decisão imediatamente.
2. **Porquê.** O poder dessa palavra reside no fato de que o cérebro humana necessita sempre de justificativas para tomar decisões. Ninguém decide nada sem ter um motivo.
3. **Fácil.** Essa palavra tem uma alta capacidade de influenciar decisões pelo mesmo motivo pelo qual os gatilhos mentais funcionam, que é a tendência que nosso cérebro tem de economizar energia. Outras palavras semelhantes podem funcionar bem também, como "simples", "prático", "descomplicado", *et cetera*. Em suma, essas palavras fazem um apelo ao sentimento de preguiça que todo e qualquer ser humano tem.
4. **Segredo.** Essa palavra mexe diretamente com o sentimento de curiosidade. Mas não uma simples curiosidade, ela resgata um sentimento primitivo do ser humano, que é de explorar o mundo. Na verdade, essa palavra é poderosa porque ela ativa o arquétipo psicológico do explorador.
5. **Descubra.** O poder dessa palavra se dá pelo mesmo motivo da palavra anterior, o de mexer com o arquétipo primitivo de descobridor.

AS HEADLINES, DE NOVO

Os títulos dos anúncios são o grande chamariz para o que você quer contar para os seus potenciais clientes. Descubra como aproveitá-los para causar um impacto imediato no leitor de forma que o instigue a continuar lendo a sua proposta.

Os títulos nem sempre são feitos para vender de forma direta, e você pode deixar isso para o texto persuasivo com copywriting que você terá na página de destino para onde o anúncio levará o usuário. Lembre-se, as pessoas desenvolveram uma certa aversão ao estereótipo "vendedor descarado".

Procure usar os títulos para chamar a atenção e criar expectativas sobre o que o usuário vai encontrar na sua página de destino. Ninguém resiste ao sentimento de curiosidade. Se você despertar isso nas pessoas, elas acabarão clicando nos seus anúncios. Veja o exemplo:

> Um novo roteiro para sua vida pessoal e profissional. Em 3 episódios inéditos e exclusivos.
>
> Uma série de vídeos gratuita para quem deseja ajudar pessoas, criar impacto no mundo e aumentar seus ganhos enquanto faz o que ama.
>
> Esse alguém é você?
>
> Saiba mais!

Para dar mais destaque aos seus anúncios, busque utilizar nos títulos as palavras-chaves referentes ao conjunto de interesses do seu público, de preferência o termo de busca que ele está realizando. Isso dará mais relevância perante as plataformas de anúncios, diminuindo os custos por cliques e otimizando a lucratividade das suas campanhas.

Outro ponto muito importante sobre os títulos é utilizar neles as palavras e expressões que o usuário encontrará no topo da página para a qual ele será direcionado ao clicar no seu anúncio. Isso gera um entendimento de coerência que vai respaldar a decisão do usuário em continuar consumindo o conteúdo que você tem para mostrar para ele.

OS NÚMEROS

Diferente das palavras, os números são uma linguagem universal. Todo mundo sabe codificar mentalmente as representações numéricas, sejam aqui no Brasil ou lá na China. Por isso os números são valorizados no copywriting.

Os números são elementos mais facilmente *escaneáveis* para o cérebro humano. Eles têm o poder de quantificar ou qualificar oportunidades e riscos. Os números também podem ser utilizados para gerar credibilidade para as informações que você coloca.

> Professor de Pindamonhangaba que viveu por 4 anos no Tibete revela os 7 segredos da longevidade.

Uma das práticas mais comuns que profissionais de copywriting utilizam são os posts em formato de listas, como "7 dicas de como gerar renda de forma prática", ou "10 dicas de saúde para o seu dia a dia".

A JORNADA

Existem diferentes momentos de pesquisa e decisão em torno em um mesmo produto. Isso depende de qual estágio de compra o usuário se encontra. E o copywriting pode atuar em cada um deles

Algumas pessoas podem estar buscando se informar melhor acerca de um determinado problema ou objetivo. Por outro lado, existem pessoas que já conhecem esse problema ou objetivo, e buscam uma ferramenta ou maneira de resolvê-los.

Existem três etapas no processo de decisão de compra dos consumidores. A primeira delas é a conscientização, onde o usuário está entendo que tem um problema ou que precisa concluir um determinado objetivo.

A segunda etapa é a consideração, quando a pessoa já entendeu que tem um problema ou que precisa alcançar um objetivo e agora está pesquisando sobre as ferramentas que podem ajudar nisso.

A última etapa é a decisão, quando o consumidor já sabe de tudo o que precisa e agora quer comprar, fazendo comparações de preços e condições.

Vamos a um exemplo prático: um jovem skatista precisa trocar as rodas de seu skate. Primeiro ele vai pesquisar como ele pode trocar as rodas. Então ele utilizará termos do tipo "como trocar rodas de esqueite", "quando devo trocar as rodas do meu esqueite".

Tomada essa consciência, ele vai pesquisar sobre os tipos de roda que ele pode usar. Então ele pode pesquisar por "tipo de rodas para skate", "qual a melhor roda para skate", "qual roda utilizar em longboard", "rodas de skate com rolamentos", "rodas com bilhas ou rolamentos?", *et cetera*.

Quando ele estiver decidido a comprar poderá estar pesquisando termos como "preços de rodas Sector9", "onde comprar rodas com rolamento", "preços de rodas de gel".

Este é o maior segredo dos anúncios com copywriting que geram resultados: entender os termos de busca que os usuários utilizam na rede, pois isso reflete exatamente aquilo que eles desejam. Você só precisa "ouvi-los".

AS IMAGENS

As imagens de um anúncio ou de uma página de destino são elementos poderosos no trabalho de copywriting. Elas conseguem comunicar de forma mais imediata a mensagem que você quer transmitir. Enquanto um texto precisa de tempo de leitura para conseguir impactar as pessoas, a imagem faz isso em milésimos de segundos.

Entretanto é importante que as imagens sejam harmônicas, pois se não tiverem um bom design elas podem causar o efeito oposto: espantar o usuário por conta de uma estética ruim.

Eu gosto de ir além e dizer que, na verdade, o copywriting une os conceitos de arte e ciência para promover ideias, serviços e produtos com as palavras certas. E isso inclui o apelo visual. David Abbot dizia: "Pense visualmente. Peça a alguém para descrever uma escada em espiral e eles usarão as mãos e as palavras. Às vezes o melhor copy não é um copy."

Enfim, cada palavra e frase, além de elementos visuais, precisam ser cuidadosamente construídas, selecionadas e editadas, pois devem ter o poder de convencer o leitor a tomar uma ação específica. Quem dominar isso terá mais chances de obter sucesso em tudo o que decidir vender.

    O copywriting tem proporcionado riqueza a muitas pessoas, tanto para quem o faz, quanto para quem o contrata. Quem escreve copy tem o poder nas mãos. E quem cria anúncios online com copywriting eleva esse poder ao máximo. Teste!

REDES SOCIAIS

> "Redes sociais são canais de relacionamentos. Relacionamentos são negócios disfarçados."
> — *André Damasceno*

Pare por um momento agora e pense: quanto tempo você gasta usando mídias sociais? Já chegou a calcular isso? Bem, fizeram um cálculo sobre o uso de redes sociais e descobriram que esse tipo de mídia ocupa muito do nosso tempo (e atenção!). E no Brasil, a coisa é intensa. Para se ter ideia, 45% da população brasileira acessa o Facebook mensalmente, de acordo com a própria rede.

Desde que as mídias sociais surgiram, ano a ano seus adeptos crescem com velocidade. Sem a menor sombra de dúvidas, você que tem um negócio, deve dar atenção para sua presença nas redes sociais. Caso você ainda não esteja fazendo isso, sugiro que comece agora!

Conectar pessoas e compartilhar informações e opiniões é um comportamento inerente a todo ser humano, e pelo jeito, algo tão antigo quanto andar para frente. A "comunicação em redes sociais" existe muito antes do advento da tecnologia.

O jornalista inglês Tom Standage tem uma tese interessante. Segundo ele, o inventor da primeira rede social foi o filósofo e político Marco Túlio Cícero, há mais de 2 mil anos, na Roma Antiga. Ele explica que Cícero usava um de seus escribas para redigir mensagens em rolos de papiro que eram enviadas para uma espécie de rede de contatos. As pessoas do grupo, por sua vez, copiavam os textos, acrescentavam seus próprios comentários e repassavam a mensagem.

Séculos depois, as redes sociais consolidadas no ambiente digital caíram no gosto do povo e acabaram influenciando os hábitos cotidianos na vida das pessoas. Só o Facebook, a maior de todas as redes sociais, tem mais de 2 bilhões de usuários pelo mundo todo. Desse público, 1 bilhão acessa a plataforma todos os meses. O Instagram, outra rede social da mesma empresa, registrou 800 milhões de usuários por mês, sendo que 500 milhões acessam a rede todo santo dia.

Para se beneficiar de todo esse mercado, você precisa ter uma boa estratégia de comunicação. Afinal, as redes sociais impactam diretamente o dia a dia das pessoas e inclusive influenciaram outras mídias, principalmente a televisão. Uma pesquisa realizada pela Nielsen Company mostrou que 25% dos telespectadores da televisão tomam conhecimento da grade de programação pelas mídias sociais. E que dois terços deles usam aparelhos mobile como segunda tela enquanto assistem TV. Pense. Quantas vezes você já viu alguém postando alguma coisa sobre um programa que estava passando ali na hora?

O brasileiro é um aficionado por redes sociais. Nossa população está entre as que mais utilizam redes sociais em todo o planeta. Os números impressionam. Definitivamente somos um dos maiores mercados do mundo e isso está chamando a atenção de muitas agências estrangeiras de marketing nas redes sociais

As redes sociais trouxeram a dinâmica de interação entre pessoas, empresas e instituições em tempo real. Isso mexe com uma necessidade básica de todo ser humano: a de socializar, de conversar e interagir com outras pessoas.

LABORATÓRIO

Primeiro, é preciso saber que as redes sociais podem servir como excelente laboratório de comunicação e escrita. As pessoas estão todos os dias interagindo nesses canais e, portanto, usá-los como fonte de aprendizado é uma ação inteligente, seja você empreendedor, marqueteiro, redator.

Certa vez, divulguei o meu livro digital "Redator Freelancer" apenas no Facebook (em meu perfil, página e grupos) usando o copywriting. Tive quase 400 downloads em 3 dias, somente com alcance orgânico. Depois disso, fiz uma campanha paga para aumentar os resultados e chegamos a 500 exemplares baixados (a meta que eu estabeleci para 5 dias). Uma prova que os meus testes têm funcionado.

Desenvolvi um modo e estilo peculiares de postar conteúdo nas redes sociais. Não faço "apenas marketing", não posto com a intenção de divulgar ou vender toda vez. Primeiro, uso minha essência como escritor (antes de ser profissional de marketing, sou escritor); segundo, aposto em *hypes*, ou seja, em assuntos do momento, e em entretenimento (com isso eu crio uma espécie de *Branded Content* - Conteúdo de Marca); terceiro, não deixo de fazer ofertas – sempre vendo alguma coisa no tempo certo.

Não quero que veja isso como receita, caro leitor. Não quero que imite isso na íntegra. É algo que, particularmente, funciona para mim. Meu desejo é que você se inspire, contextualize e desenvolva o próprio estilo. Mas faça isso como um bom profissional de marketing faria: testando, observando o que a audiência gosta de receber.

Em suma:

1. Inteire-se nas redes sociais que vocês mais se identifica (Facebook, Instagram, LinkedIn ou outras);
2. Escolha as redes que o público-alvo de vocês se encontra e usa com frequência;
3. Procure postar com regularidade (não precisa ser todo dia) usando elementos de copywriting de modo natural.
4. Observe o modo que as pessoas reagem. Veja se gera engajamento (comentários, compartilhamentos, *et cetera*). Vá mudando, adaptando, aperfeiçoando, sempre.
5. Analise se isso traz resultados além de visibilidade. (Nunca foque somente em métricas de vaidade, como curtidas, por exemplo). No fim, tem que converter, de alguma forma (gerar leads, vendas, *et cetera*).

BARBEARIA

Outro exemplo de minha estratégia: estudando narrativa e storytelling, tenho escrito e publicado histórias reais no Facebook. Assim, venho conseguindo a atenção das pessoas mais facilmente. Todo mundo gosta de histórias!

Então, além de "treinar" minha escrita publicamente – já que aplico elementos aprendidos e observo como as pessoas reagem, e assim, capto o que funciona ou não – ainda trago resultados para o meu marketing. Tudo acaba reforçando minha marca e gerando ações por parte do público.

Veja um exemplo:

> Barbearias são os lugares mais legais para se frequentar. Nelas se conversa sobre tudo: futebol, política, saúde, moda...
>
> Hoje fui à barbearia de um amigo – Antes que você faça piadas: sim, careca também corta o cabelo! – e o papo inicial foi sobre filmes, depois política, e por fim, estética e beleza.
>
> Um casal que chegou depois de mim engatou no papo. Enquanto o amigo barbeiro eliminava os fios que me restam no couro, eu desabafava sobre quando percebi que seria calvo, aos 24 anos.
>
> O casal contou a história de um moço que quase ficou com depressão e até tentou se matar por não aceitar a calvície. "Nossa, caso sério!", expressei.
>
> Em algum momento, a mulher da relação se portou como uma terapeuta. Me fez perguntas, como: "Tem coragem de usar peruca?". "Não, acho estranho.". "E aquelas próteses que agora estão na moda?. "Também não", respondi.
>
> Ela então complementou: "Ainda bem, porque você fica bem assim. E com essa barba, lembra um lenhador. Fica legal, não deixe sua autoestima se abalar com a falta de cabelo". Eu sorri.
>
> Quando o barbeiro terminou, fiz questão de apertar a mão da

> senhora e de seu esposo e agradecer pela conversa. Saí de lá
> de peito erguido, confiante como um pavão.
>
> Estou pensando em dispensar meu psicólogo e ir mais vezes
> ao barbeiro.

Parece um post sem "intenção", e que não leva a vendas. Mas com esse tipo de texto eu engajo as pessoas e aumento meu alcance, o que no fim, acaba ajudando quando eu vou fazer uma oferta.

SALA CHEIA

Certa vez usei o princípio da antecipação de forma bastante estratégica. Eu havia sido convidado para palestrar num evento grande de marketing para um nicho que não me conhecia bem: afiliados profissionais. Eu precisava chamar a atenção daquele público para que eles fossem na minha apresentação.

Então pensei em criar um artigo de impacto, usando um tom polêmico (outro gatilho forte), falando do mercado de afiliação. Fiquei uns quinze dias preparando o artigo e deixando-o perfeito para receber as visitas que eu pretendia levar para o site. Enquanto o produzia, fiz alguns posts nas redes sociais usando o princípio da antecipação. Um dos posts dizia:

> O Patt Flynn, do blog "Smart Passive Income", fatura entre 50
> e 100 mil dólares por mês como afiliado usando blogs e conteúdo durante quase uma década. Isso representa mais de 5
> milhões de lucro somente com conteúdo.
>
> O Darren Rowse, considerado por muitos o blogueiro número 1
> dos Estados Unidos, criador do "Problogger", é acompanhado
> por mais de 1 milhão de pessoas no mundo todo. O cara fatura
> mais de R$ 100 mil por mês.

> O que eles têm em comum?
>
> Depois de 3 anos produzindo conteúdo e ter mais de 2000 artigos publicados, eu cheguei à uma conclusão. Vou revelar isso numa série de 3 artigos no meu blog. E não, eu não vou lançar um curso, nem vender um e-book depois.
>
> Estou convidando você que se conecta ao meu perfil a acompanhar a série. O primeiro artigo sai ainda esta semana. Para ter informações a respeito, me mande uma mensagem ou deixe um comentário.
>
> PS.: Será uma amostra grátis do que eu vou falar na palestra do (Nome do evento) 2017.

Esse post gerou uma série de comentários de gente interessada no conteúdo.

No dia que finalmente lancei o artigo, postei esse outro texto:

> Hoje saiu o primeiro artigo da série Marketing de Conteúdo para Afiliados. Nele eu cito um ponto comum nas estratégias de sucesso com a afiliação.
>
> Escolhi 2 blogs americanos (do Patt Flynn e do Darren House), 2 brasileiros (do Pedro Quintanilha e do Ramon Tessmann) e 1 europeu (do Paulo Faustino). Blogs que de alguma forma se conectam com o marketing de afiliados.
>
> Dissequei a linha editorial deles e decidi mostrar exatamente o que eles fazem e porque isso influencia diretamente nos resultados.
>
> Estou enviando o artigo inicialmente apenas para quem mostrou interesse. Se você passou o e-mail, confira se chegou. Se não, dê um toque. Se você não mostrou interesse antes, só levantar a mão que eu envio para você.

Mais uma enxurrada de comentários e gente pedindo para receber o artigo.

Resultado: pico de visitas no site, 100 leads gerados organicamente, um *buzz* no mercado de afiliados e minha popularidade entre o público-alvo aumentada. No dia da palestra do evento havia mais de 300 pessoas no auditório. Até hoje o conteúdo que lancei para gerar esse resultado é o mais comentado no meu blog.

OFERTA NATIVA

Com o tempo também fui acostumando minha audiência, principalmente do Facebook, com textos longos e "ofertas disfarçadas", que eu chamo de ofertas nativas. O case que eu vou compartilhar agora partiu de uma ideia que tive antes de fazer uma espécie de período sabático, onde ficaria um mês sem acessar as redes sociais. O copy que publiquei foi esse:

> Esta será minha penúltima postagem aqui no Facebook...
>
> Eu nunca falei sobre isso abertamente, mas no meu primeiro trabalho como redator, recebi nada mais que R$ 5,00. Cinco suados reais, por um texto de 1000 palavras.
>
> Isso foi em 2013, quando decidi abandonar meu antigo emprego de diretor de uma empresa para viver de redação.
>
> Imagine você apostar todas as suas fichas em algo e ganhar quatro vezes menos.
>
> Foi o que aconteceu...
>
> Mas a vida não é só feita de baixos...
>
> Quatro anos depois eu conquistava R$ 100 mil de faturamento trabalhando com marketing digital.
>
> O que me levou a isso?

Correndo o risco de soar clichê: ética, trabalho duro e persistência.

Para você ter uma ideia, quando parei de contar, já havia escrito e publicado mais de 2000 artigos.

Falo de conteúdos de blog, sem contar posts de redes sociais, que devem chegar a cinco vezes mais.

É impossível ter ideia de quantas pessoas já leram o que eu escrevi, mas posso afirmar, sem medo de errar, que já contribui com a internet brasileira mais do que a maioria dos profissionais do mercado.

Só no meu blog oficial já passam de 4 mil o número de pessoas acessando meus conteúdos todos os meses.

Sobre cases, o que posso destacar?

Bem, um dos meus blogs teve retorno positivo de 57% num período de 12 meses.

Um dos meus clientes teve retorno de 1000% (mil por cento) em apenas um teste com um tipo específico de artigo.

Outro aumentou o número de tráfego orgânico em 300% com textos produzidos por minha equipe e eu.

Tudo isso usando técnicas de copywriting e marketing de conteúdo.

As mesmas técnicas que estou ensinando no Clube Personal Content.

O Clube agora tem 50 membros atuantes, que votaram no seguinte tema para estudar no mês de maio:

"Como escrever para a web e produzir conteúdos poderosos".

Então, mais animado do que nunca, estou compartilhando toda minha experiência criando artigos que já geraram toneladas de tráfego, engajamento e conversão para diferentes negócios.

Se você me acompanha, deve se lembrar que fechei o grupo com 10 novos assinantes e avisei que poderia não abrir nos próximos meses.

Mas atendendo a pedidos que não param de chegar no Messenger e WhatsApp, estou deixando aberto para outros 11 novos assinantes até 00h de hoje.

Por que 11? E por que até hoje?

Porque eu tenho exatamente 11 exemplares do meu livro que eu vou presentear a quem entrar nessa remessa.

Da semana passada para cá, eu pedi uma nova caixa com 30 livros à DVS Editora e reservei estes 11 para essa reabertura.

Então, quem entrar no Personal Content hoje, vai receber meu livro de presente, assinado e com dedicatória, diretamente em sua casa nos próximos dias.

Infelizmente não pude manter o valor de assinatura que os primeiros membros pagaram, mas consegui manter esse presente de assinatura.

Farei isso pelo seguinte motivo:

Vamos usar o livro como base para o que estamos estudando agora e gostaria que todos acompanhassem com o impresso em mãos.

Então, em resumo, essa é sua chance de ver como ter sucesso com conteúdo, aprendendo com um especialista que já "percorreu uma maratona" e sabe exatamente o que pode funcionar ou não num texto para web.

Ah, e terá um livro escrito por esse mesmo especialista...

...além do acesso às mesmas aulas que ajudarão os membros atuais a saberem exatamente como eu criei os conteúdos que me trouxeram retorno indiscutível, como você acabou de ver.

Detalhe: um livro que está entre os mais vendidos na Amazon.

> Esta não é um copy barato e enganoso, e não estou inflando os números como fazem alguns falsos marqueteiros. Aliás, eu raramente falo de ganhos financeiros, como falei aqui.
>
> Essa é realmente uma exceção.
>
> Estou disposto, de verdade, a ensinar o que eu sei...
>
> E se você tiver o mesmo nível de interesse em aprender, seja bem-vindo ao clube!
>
> Deixo o link abaixo, nos comentários, para você fazer sua inscrição.
>
> Estou aguardando você com os livros no colo.
>
> A cada nova assinatura, reservo o exemplar e escrevo uma linda dedicatória e envio para você.
>
> PS.: Por que eu disse no começo que será minha penúltima postagem aqui? Porque ficarei um mês sem postar nas redes sociais para cuidar dos meus clientes e alunos e dedicar um tempo maior aos estudos de marketing.
>
> Relaxa que eu não vou desaparecer para sempre. Será um necessário jejum de redes sociais por 30 dias. Pretendo retornar em junho.
>
> A postagem de despedida será amanhã
>
> Obrigado por ter lido.

Resultado: enxurrada de comentários e a meta dos 11 novos membros para o Clube batida.

NÃO É MEME, MAS É NATURAL

Para terminar, preciso dizer agora para você que, se quiser acertar no seu copy nas redes sociais, você nunca pode parecer intrusivo. Não seja um "ruído" na experiência do usuário que está navegando. Caso isso aconteça, você pode ser sumariamente ignorado.

Existe uma maneira eficiente de anunciar seu produto ou serviço, convertendo vendas através das redes sociais. Uma ótima solução para fazer marketing nas redes sociais é fazer publicações informativas ou divertidas de qualidade para a sua audiência sobre temas que estejam relacionados àquilo que você quer promover.

Quando suas publicações refletem um conteúdo que agrega algum valor na vida da sua persona, ela vai prestar atenção no que você tem para dizer ou para mostrar. Ao final da publicação, aposte em uma chamada que gere algum tipo de engajamento, como perguntar a opinião do leitor ou convidá-lo a te chamar no inbox para saber mais sobre o assunto.

Lembre-se: o princípio básico das vendas é relacionamento. E essas plataformas promovem isso, interações sociais no ambiente digital. Seu marketing nas redes sociais pode ser muito mais potente com publicações autênticas que falam sobre o interesse do seu público, pois isso vai atingir o campo emocional e provocar uma conexão mais sólida com essas pessoas. E na hora certa, ficará mais fácil para você vender.

As publicações nativas vão ajudar você a divulgar aquilo que você vende se integrando ao fluxo do consumo de informação do seu público. Isso é muito poderoso. Isso é copywriting.

ADVERTORIAL

"Quanto menos um anúncio se parece com um anúncio e mais parece um editorial, mais os leitores param, olham e leem."
— David Ogilvy

O termo *Advertorial* surge de uma mistura das palavras *Advertisement* e *Editorial*, ou seja, anúncio e editorial. A criação data de 1946, segundo a editora Merriam-Webster. Em suas publicações impressas, os anúncios eram escritos para se assemelhar ao máximo a artigos, que tinham por objetivo apresentar notícias contendo imagens para atrair leitores-compradores.

O anúncio era geralmente escrito sob a forma de um texto objetivo e projetado para parecer ostensivamente uma notícia legítima e independente. A diferenciação da publicidade tradicional era justamente essa: o conteúdo imita o conteúdo editorial real, mas servindo para atingir os objetivos de marca.

Embora essa forma de publicação tenha sido praticada por muito tempo, hoje, no marketing digital, elas representam um canal relativamente novo e pouco explorado, conquanto isso já esteja mudando. Na web, as características do advertorial são praticamente as mesmas: texto e imagens simulando uma notícia.

Diversos blogs e portais hoje apostam nesse tipo de texto para gerar bons resultados comerciais na internet. E é fato que os advertoriais aumentam as taxas de conversão. Tenho um caso em que o advertorial escrito por um parceiro e eu ultrapassou os 1000% de ROI (Retorno Sobre Investimento), isso em apenas uma campanha de teste.

Para marcas que lutam para gerar receita, publicações como essa representam uma maneira de quebrar o tradicional modelo de receita digital de publicidade em banners. Aliás, é bom você saber que os banners publicitários estão provando ser cada vez menos eficazes ao longo do tempo. De acordo com a Solve Media, "é mais provável que você sobreviva a um acidente de avião do que clicar em um banner".

Imagine escrever uma notícia capaz de vender seu produto ou serviço sem que o cliente ache que você está vendendo para ele. Esse é um dos poderes do advertorial, algo que você não pode ignorar se quiser aumentar seus resultados. Aliás, para se ter resultados com esse tipo de texto, eles devem ser produzidos com elementos de copy. E aqui vai uma estrutura que eu uso em minha produção...

A ESTRUTURA DE UM ADVERTORIAL E SUAS CARACTERÍSTICAS BÁSICAS

Um advertorial possui uma estrutura simples que divide-se em 3 características básicas. Todas essas características precisam estar presentes e bem caracterizadas no texto, portanto se você pretende montar seu advertorial é bom conhecê-las:

1. **Cabeçalho.** Encabeçando o texto, utiliza-se a marca. A marca representa toda autoridade no assunto em questão, portanto use-a. Se você ainda não tem uma marca própria, é bom criá-la, pois é a sua marca que impactará seus resultados em marketing.
2. **Título.** O título é o que desperta a curiosidade do leitor. Logo um leitor curioso se mantém atento ao assunto que será abordado no

texto. Você pode usar os mesmos princípios de criação de headlines, apresentados neste livro.
3. **Conteúdo.** Um conteúdo eficiente é a alma de um advertorial, ainda mais se utilizado em conjunto com copywriting e técnicas de persuasão bem definidas.

No entanto, é importante ressaltar alguns elementos-chave que devem estar presentes em qualquer conteúdo. Esses elementos costumam ser os verdadeiros responsáveis pelas vendas com advertoriais:

- **Cientificidade.** Citações de estudos científicos que tenham sido feitos à respeito do produto, imagens de médicos ou laboratórios, pesquisas e estudos de caso comprovados e *et cetera*.
- **Autoridade.** Citações de reportagens em grandes emissoras de tevê, revistas, jornais e *et cetera*; sem dúvida trazem mais segurança ao lead sobre o produto. Essa associação do veículo usado para a exposição do produto fará com que o mesmo adquira ainda mais confiança.
- **Storytelling.** Como expliquei no capítulo sobre storytelling, narrativas são excelentes para levar pessoas à ação. Elas são capazes de gerar empatia instantânea. Por isso, é aconselhável utilizar histórias em seu advertorial.
- **Testemunhos.** Relatos de outras pessoas sobre o seu produto são de extrema importância para fazer com que o seu leitor ganhe ainda mais confiança para realizar a compra. Depoimentos reais podem ser inseridos no texto para soarem naturais e convincentes.
- **Chamada.** O advertorial precisa ter pelo menos uma chamada para a ação para levar o leitor à compra. Existem diversas formas de inserir um CTA no seu advertorial, algumas mais explícitas, outras mais disfarçadas. Veja qual faz mais sentido no contexto.

COPYWRITING
O método centenário de escrita mais cobiçado do mercado americano

EXEMPLO DE ADVERTORIAL PRODUZIDO PELA AGÊNCIA MARVE DIGITAL

"Achavam que eu estava doente" – Conheça o segredo que fez Regina perder 27 quilos em 3 meses.

E se você pudesse emagrecer 27 quilos em apenas 3 meses? Milhares de pessoas no país já descobriram que isso é possível e estão chamando a atenção, tanto de quem está ao seu redor, quanto da mídia.

Foi para tirar essa história a limpo, que a nossa equipe foi atrás de uma dessas pessoas. Você vai se surpreender com o que Regina tem a dizer. Continue lendo essa matéria que você vai:

- Conhecer a história de Regina: ela emagreceu tanto que sua família reagiu mal.
- Saber porquê você não emagrece
- Descobrir um pequeno segredinho para emagrecer muito mais rápido que o normal.
- Saber o que você precisa fazer para ter o corpo que sempre sonhou.

Como Regina está hoje?

Regina, 38, moradora de um bairro na Zona Oeste de São Paulo está feliz. Ela usa roupas provocantes, está namorando, seu desempenho no trabalho está melhor que nunca e as fortes dores que sentia nas costas e nas pernas desapareceram como fumaça.

Se você olha para Regina, não imagina que é a mesma pessoa que pesava 98 quilos há 3 meses atrás. Regina nunca esteve tão bem consigo mesma! Até suas amigas notaram a diferença.

"A Re era uma pessoa amarga! Adorava falar mal das pessoas. Hoje ela mudou completamente."

Ela não está mais leve só no corpo, mas também na alma. Mas Regina era o oposto disso

Regina vem de uma família onde todos os membros sofrem com sobrepeso. Mas nem por isso a alimentação é balanceada. Doces, massas e gorduras em excesso faz parte do cotidiano da família de Regina.

"Lembro que quase nunca havia salada em casa." - conta Regina.

Como consequência desses hábitos, um dia Regina começou a passar mal. Ela sentiu uma tontura e quase desmaiou.Foi parar no hospital com a pressão arterial em 18 por 13.

"O médico que me atendeu disse claramente: ou eu emagrecia, ou iria morrer." - lembra.

Nesse dia, tudo passou pela cabeça de Regina: o seu casamento, que tinha terminado por conta do seu ganho de peso, as dores que sentia, as piadas que faziam no seu trabalho, as roupas que gostava que nunca serviam.

A secretária, enfim, caiu em si do quanto o sobrepeso estava afetando a sua vida pessoal e profissional. Então, ela tomou a decisão mais difícil de sua vida... Ou ela emagrecia, ou morreria.

Seus níveis de colesterol estavam altos, ela estava desenvolvendo uma pré-diabetes, sua pressão estava alta... em outras palavras, ela estava prestes a ter um infarto. A primeira ação que a mãe do Mateus de 13 anos tomou foi diminuir o que comia.

Com isso, ela emagreceu 1 quilo em uma semana. Esse resultado a deixou animada, então, continuou a fazer o que começou.

"Achei que se eu continuasse me mantendo nesse "regime", em breve eu estaria no meu peso ideal." - confessou.

Mas não foi o que aconteceu. Mais 3 semanas se passaram e ela só havia perdido apenas mais meio quilo.

Por que isso aconteceu?

Quando você diminui a sua ingestão de comida, a tendência é que seu corpo queime um número maior de calorias, mas estudos comprovam que o seu corpo não quer que você emagreça.

Então, ele entra em um processo natural de economia de energia, fazendo com que você pare de emagrecer.

É o famoso efeito platô. Além disso, dois hormônios sofrem alterações. O que produz a saciedade diminui e o que dá a sensação de fome, aumenta.

Resultado: você engorda tudo de novo.

Por isso é tão difícil emagrecer apenas fazendo regime.

E Regina sentiu isso na pele, quer dizer, no próprio corpo.

Então, Regina passou a fazer dietas mais radicais e a cada dieta que ela fazia, o mesmo acontecia. Ela emagrecia no início, mas em seguida ou parava de emagrecer, ou engordava tudo de novo.

O que Regina fez então?

Pesquisando na internet, Regina descobriu um jeito de "enganar" o seu corpo, para que ele a deixasse emagrecer.

Aliás, muitas outras pessoas estavam usando esse método com ótimos resultados, então Regina aproveitou a promoção que o site estava dando, e fez o seu pedido.

Esse jeito de "enganar" é através de uma cápsula que contém uma substância extraída da casca de camarões e outros crustáceos de águas profundas.

A substância chama-se quitosana. Um estudo pouco divulgado feito pelo departamento de fisiopatologia de Kwice, na Polônia, provou que a quitosana, na quantia correta acelera em em até 25% a perda de peso, além de inibir os efeitos sanfona e o platô.

E essa foi a luz no fim do túnel para Regina.

"Emagreci realmente muito rápido. Minha família achou que eu tinha contraído alguma doença." - revelou.

Regina antes e depois. Parece outra pessoa!

Como você pode alcançar definitivamente o peso que você sempre sonhou.

Agora, imagine que você está em uma festa. E nessa festa, alguns homens sozinhos e até alguns acompanhados estão olhando para você. Imagine que você vestiu aquele vestido lindo da loja que as vendedoras nem queriam te atender. Imagine que você está sem dores e com uma disposição que você nunca sentiu antes.

Se você sonha com esse dia, você precisa experimentar o QuitoMax.

O QuitoMax, além de conter quitosana, ainda contém ingredientes naturais que ajudam você a:

- Eliminar Gordura. Ele entra em ação já no estômago, contribuindo com a absorção e eliminação de grande parte da gordura ingerida diariamente.

- Acelerar o Metabolismo. Ele provoca a termogênese, ajudando seu corpo a ter uma queima acelerada de gordura.

- Controla o Apetite. Sua composição forma um gel no estômago, proporcionando uma sensação de saciedade já na primeira cápsula.

- Regula o Intestino. Possui uma grande quantidade de fibras inteligentes, que forçam o seu intestino a trabalhar da forma correta.

Veja os resultados na prática:

(Depoimentos).

Mais uma boa notícia

Negociamos um preço especial para você que é um leitor fiel do nosso site. Para aproveitá-lo, basta clicar no botão abaixo.

Mas antes de você efetuar a sua compra, temos uma coisa para dizer.

Quando você compra o QuitoMax, você vai receber guias complementares com receitas, dicas, instruções de uso e um passo a passo completo que vai ajudar você a alcançar o peso desejado de forma mais rápida.

Agora, você tem duas opções.

A primeira é não fazer nada, continuar insatisfeita com o seu corpo e continuar com o risco de adquirir doenças graves causadas pelo sobrepeso.

A segunda é a mais inteligente: clicar no botão abaixo, adquirir o seu Quitoplan, atingir o corpo que você sempre sonhou, ficar mais bonita, com uma autoestima elevada e saudável.

Acho que você sabe qual é a melhor escolha.

Portanto, clique agora mesmo no botão abaixo e adquira o seu QuitoMax.

(Sim! Eu quero ter minha vida transformada como a da Regina!)

No demais, dá para aplicar copywriting em sites, blogs, e-mails, redes sociais, landing pages, vídeos, folhetos, cartas, outdoors, placas, aplicativos, adesivos, catálogos de vendas, menus de restaurante, gôndolas, quadro negro, quadro branco, papel de pão, guardanapos, paredes de banheiros públicos... acho que comecei a exagerar. Bem, você entendeu!

REEVES, FECHE A CORTINA!

> "Você deve tornar o produto interessante, não apenas tornar o anúncio diferente. E é isso que muitos dos redatores dos EUA hoje ainda não entendem".
> — *Rosser Reeves*

Rosser Reeves foi um executivo de publicidade americano e pioneiro da publicidade televisiva. Reeves gerou milhões de dólares para os seus clientes. A agência Ted Bates, onde ele foi presidente, existe até hoje como "Bates 141".

Reeves acreditava que o objetivo da propaganda é vender. Ele insistiu que um anúncio ou comercial deveria mostrar o valor ou proposta de venda exclusiva (ou USP, sigla em inglês) de um produto, não a inteligência ou o humor de um copywriter.

Seu anúncio mais típico é provavelmente o da *Anacin*, um remédio para dor de cabeça. O anúncio foi considerado irritante por quase todos os espectadores, mas foi extremamente bem-sucedido, triplicando as vendas do produto. Em 7 anos, o comercial de 59 segundos fez mais dinheiro do que o filme "E o Vento Levou" teve em um quarto de século.

Seus anúncios foram focados em torno do que ele cunhou de "Proposta Única de Venda", a única razão pela qual o produto precisava ser comprado ou era melhor do que seus concorrentes. Estes diferenciais muitas vezes se tornaram slogans. Reeves supervisionou dezenas de anúncios, alguns que ainda existem, como o do M & M's: "Derrete na sua boca, não na sua mão".

Reeves destacou que a publicidade precisa ser honesta. Ele insistiu que o produto que está sendo vendido realmente fosse superior e argumentou que nenhuma quantidade de propaganda poderia movimentar produtos inferiores. Ele também discordou que a publicidade fosse capaz de criar demanda onde ela não existisse. A propaganda bem-sucedida de um produto defeituoso só aumentaria o número de pessoas que experimentariam o produto e ficariam insatisfeitas com ele. Se a publicidade for suficientemente eficaz e um produto apresentar falhas suficientes, a publicidade acelerará a destruição da marca.

Da mesma forma, Reeves acreditava que era um desperdício de dinheiro reivindicar a singularidade que não existe, porque os consumidores logo descobrirão e não voltarão a comprar. Isso é importante porque historicamente as fortunas são feitas a partir de negócios recorrentes. Seria melhor gastar dinheiro criando algum tipo de vantagem significativa em um produto antes de lançar uma campanha publicitária cara para promovê-lo.

Quando Rosser Reeves era redator da "Blackett-Sample-Hummert", David Ogilvy e ele almoçaram juntos quase toda semana por vários anos. Reeves de alguma forma recebeu uma cópia do manuscrito de "A Ciência da Propaganda", de Claude Hopkins, que foi mantido em um cofre na Lord & Thomas.

De acordo com um relato de Ogilvy, de 1965, Reeves recitaria partes do livro para Ogilvy e lhe ensinaria como colocar esses princípios em ação. Foi a valorização e reverência pelos princípios de Hopkins de vender com publicidade, usando as melhores práticas de copy e responsabilizando a publicidade pelos resultados, que formaram a essência de seu texto poderoso por toda a sua vida.

Com a crença de que o copywriting existe para vender, Reeves publicou seu best-seller, "Reality in Advertising", em 1961. Neste livro, ele desenvolveu sua filosofia da citada "Proposta Única de Vendas". Reeves acreditava que o público aceitaria (e entenderia) melhor o seu anúncio se o ponto mais forte do seu produto ou negócio estivesse evidenciado ao máximo, sem qualquer outra qualidade para tirar a atenção ou o foco do público. O publicitário acreditava que havia uma forma (superior) de se anunciar produtos, que funcionaria com quase todo tipo de produto e com montantes de verba muito melhores distribuídos do que os anúncios criativos tradicionais na época e que deveria focar em um conjunto bem específico de regras, mais ou menos como um manual.

De acordo com a sua filosofia de trabalho, um anúncio deveria seguir estes 5 passos:

1. Cada produto deveria ter uma proposta rígida e firmemente delimitada, focado em um único e certeiro benefício, que o copywriter pudesse assegurar que nenhum concorrente seu possuísse.
2. Essa proposta seria repetida ao longo de todas as comunicações, sob a forma de slogan, como: "Compre esse produto X porque ele te trará esse benefício Y".
3. O produto deveria ter realmente essa vantagem comercial única; Reeves rejeitava os produtos que não possuíam qualquer diferencial comercial desse tipo.
4. Essa proposta deveria ter um forte apelo com o seu público-alvo, entregando a eles a solução (uma das suas necessidades mais fortes).
5. Essa proposta única de vendas deveria ser o coração de todas as campanhas, em todos os veículos.

Reeves compartilhou sucintamente mandamentos de copywriting em uma citação famosa: "Não, senhor, não estou dizendo que o anúncio encantador, espirituoso e caloroso não vai vender. Só estou dizendo que já vi milhares de campanhas charmosas e espirituosas que não venderam."

E agora, para fechar, exponho outra das suas frases mais marcantes (e duras): "Vamos supor que você tenha utilizado toda a verba da sua pequena companhia para a promoção do seu produto principal e, de repente, as vendas comecem a cair violentamente. E tudo depende disso. O seu futuro depende disso. A sua família e os estudos dos seus filhos dependem disso. Agora, o que você espera de mim? Uma escrita criativa? Uma propaganda premiada ou ver a droga da sua curva de vendas parando de cair e começando a subir?".

Isso é suficiente, senhoras e senhores!

AGRADECIMENTOS

A Deus, seu filho Jesus e o Espírito Santo. Eu amo vocês três. Minha família, Patricia Cardoso e Gabriel Maccedo. Vocês dão sentido a tudo o que eu faço.

Meu mentor Rafael Rez, sempre dando apoio e apontando o caminho. Você sabe "ligar os pontos".

Luiz Guilherme de Carvalho, parceiro de negócios, que me ensinou boa parte do que eu sei sobre copywriting. Bruno Breda dos Santos, companheiro de jornada no trabalho com comunicação persuasiva. Ícaro de Carvalho, que abriu minha mente várias e várias vezes para o meu desenvolvimento com a escrita.

Todos os clientes que permitiram que eu crescesse como comunicador; alunos dos meus cursos e treinamentos; membros do meu clube de orientações; meus leitores, que que dão atenção especial ao que eu escrevo.

Danilo Bezerra, que revisou esse material com imenso carinho e atenção. Rubens Lima, O Capista, que fez o maravilhoso trabalho de capa. André Cia, que aceitou meu convite para prefaciar a obra. Esse livro não estaria assim sem vocês.

Meu editor Alexandre Mirshawka e toda equipe DVS. Muito obrigado!

SOBRE O AUTOR

Nasci em Belford Roxo, na Baixada Fluminense, periferia do Rio de Janeiro, onde vivi até minha adolescência. Quando fiz 15 anos, meus pais se mudaram para Cabo Frio e me levaram com eles. Na Região Litorânea eu passei boa parte da vida.

Sempre fui inquieto e tive dificuldades com os estudos formais. Achava a escola muito chata. Mas amava as aulas de literatura e produção textual. E foi numa dessas aulas que eu descobri minha vocação para a escrita. No Ensino Médio, dois dos meus textos foram selecionados para uma coletânea escolar. Essa foi minha primeira experiência como escritor.

Com pouco menos de 20 anos, já casado, "caí de paraquedas" na área de comercial de uma empresa, peguei gosto por vender e decidi me tornar um homem de vendas. Cerca de 2 anos depois, me tornei sócio de um negócio por conta do meu desempenho como vendedor. Na direção dessa empresa, consegui pagar minha faculdade e me formar em marketing. No mesmo ano que me formei, comecei a publicar livros de forma independente.

Num determinado momento, fiquei de "saco cheio" de ser sócio daquela empresa e comecei a procurar outras formas de me completar profissionalmente. Foi aí que eu conheci o mercado digital, com suas infinitas possibilidades de ganhos financeiros. Vi que poderia unir duas de minhas principais habilidades: escrever e vender. E oferecer serviços de redação através de canais digitais. Uni meu desejo ao meu conhecimento sobre marketing e obtive a "receita" para impulsionar projetos de clientes, além dos meus próprios. E o melhor, pude fazer isso trabalhando de casa ou de qualquer outro lugar.

No começo, entrei de cabeça no mercado me posicionando como um redator freelancer. Ganhei meus primeiros R$ 5,00 produzindo um artigo. Um pequeno dinheiro, mas que me manteve animado para ganhar mais sendo remunerado pelo que escrevo. Depois de um tempo, comecei a ganhar um dinheiro legal escrevendo textos para agências e blogs corporativos. Aplicando táticas de marketing e vendas, consegui garantir resultados para clientes e projetos próprios com o que produzi.

Em 3 anos, me tornei um dos criadores de conteúdos mais requisitados do mercado brasileiro. E depois de "navegar bastante pelo oceano azul", conquistei minha própria praia particular. Cerca de 4 anos depois, faturei R$ 100.000 apenas com projetos digitais.

Criei a Marve Digital, minha própria agência de escrita comercial, e passei a atender grandes *players* do marketing e do empreendedorismo. No escritório da Marve – que não é fixo e pode estar em qualquer lugar – eu produzo a maior parte das coisas. Toco uma empresa com apenas um computador e conexão à internet. Ah, claro com a ajuda de minha querida esposa e outros profissionais que trabalham online.

Sou um copywriter profissional. Copywriter é o termo usado para referenciar o escritor que escreve para vender. Mas no fim, sou especialista em marketing e vendas que ajuda empreendedores a influenciar pessoas e construir negócios mais lucrativos usando o poder das palavras. Em outros termos, produzo textos poderosos com os princípios da persuasão e usando um método validado por homens de negócios do mundo todo, alguns que você teve a chance de conhecer nas páginas deste livro.

Também gosto de ser reconhecido como autor. Publiquei alguns livros voltados ao trabalho com negócios e comunicação, alguns apenas em versão digital e outros em versão impressa. Um deles, o "A Arte de Escrever Para A Web", virou best-seller. Espero que este livro aqui também vire.

Gosto de usar a frase de Isaac Newton para explicar o que faço: "Se eu vi mais longe, foi por estar sobre ombros de gigantes". Eu mergulho fundo no que os gênios fizeram e trago tesouros para você.

Até o próximo livro!

"Ab Imo Pectore"

BIBLIOGRAFIA COMENTADA

LIVRO 1: RETÓRICA (ARISTÓTELES)

Aristóteles foi um filósofo grego, aluno de Platão e professor de Alexandre, o Grande. Juntamente com Platão e Sócrates, é visto como um dos fundadores da filosofia ocidental.

Em sua obra, escrita cerca de 350 anos antes de Cristo e publicada em português em 1831, faz uma crítica aos historiadores retóricos que o precederam, por terem, em sua concepção, centrado a arte retórica apenas no discurso judicial, com atenção aos estímulos emocionais e estrutura formal do discurso.

Sua grande inovação foi justamente o lugar dado ao argumento lógico como elemento central da arte da persuasão, sendo uma técnica aplicável a qualquer assunto, tanto na construção quanto na interpretação de qualquer forma de discurso.

A Obra foi dividida em 3 livros:

O livro I é o livro do emissor da mensagem, o orador. Trata-se da concepção de argumentos, na medida que eles dependem do orador e de sua adaptação ao público, de acordo com os três gêneros reconhecidos de discurso:

- político ou deliberativo (busca persuadir ou dissuadir);
- judicial (acusa ou defende);
- demonstrativo ou epidítico (elogia ou censura).

O livro II é o livro do receptor da mensagem, do público. O foco são as emoções, as paixões, o caráter dos homens e os argumentos, na medida em que são recebidos pelo público.

O livro III é o livro da mensagem, onde se enfocam as figuras e a ordem das partes do discurso, tais como clareza, correção gramatical e ritmo. O uso da metáfora também é abordado.

Para Aristóteles, o discurso se divide em 4 partes: proémio, narração, prova e epílogo, sendo a narração e a prova os elementos fundamentais no discurso.

LIVRO 2: A CIÊNCIA DA PROPAGANDA (CLAUDE HOPKINS)

Claude C. Hopkins foi um dos grandes pioneiros da publicidade. Ele acreditava que a publicidade existia apenas para vender algo e deveria ser medida e justificada pelos resultados que produzia. A primeira edição do seu livro foi publicada em 1923.

É citado por muitas personalidades publicitárias e de marketing (como David Ogilvy, Gary Halbert e Jay Abraham) como um livro de leitura obrigatória, clássico.

O livro apresenta a descrição original do processo de testes e medições que mostra como as perdas de anúncios mal-sucedidos são mantidas em um nível seguro, enquanto os ganhos de anúncios lucrativos são multiplicados.

O livro é amplamente considerado a base do marketing direto e se manteve assim pelo fato do autor ter sabido condensar o essencial de sua longa e bem-sucedida experiência na área da propaganda.

LIVRO 3: CONFISSÕES DE UM PUBLICITÁRIO (DAVID OGILVY)

A obra é baseada nos anos que David Ogilvy viveu na Madison Avenue como um desconhecido, na década de 1960. Ogilvy á dirigia uma das melhores agências de propaganda do EUA e era um dos publicitários mais criativos das Américas. No livro, lançado em 1963, ele relata como conseguiu tudo isso, e que conhecimentos e experiências obteve a partir do relacionamento com os clientes.

Ogilvy aborda a psicologia do consumidor, mostrando como fazer propagandas que realmente vendem, ao contrário de propagandas feitas para ganhar prêmios, com texto bem-humorado e de fácil leitura.

O livro não se limita somente à escrita, abordando diferentes assuntos como histórias interessantes do setor, encontros com pessoas famosas, liderança e criatividade. Traz resultado de clientes como GE, Dove, Pepsi, Fedex, Frito-Lay, Dupont, Visa, Mars, Sopas Campbell, Schweppes, Ronald Reagan, etc.

Nesta obra, você vai aprender:

- Como administrar uma agência de publicidade;
- Como conquistar e manter clientes;
- Como fazer grandes campanhas;
- Como escrever anúncios poderosos;
- Como ilustrar anúncios e cartazes;
- Como atingir o topo da carreira;

E muito mais.

LIVRO 4: AS ARMAS DA PERSUASÃO (ROBERT B. CIALDINI)

Obra lançada em 1984 para explicar, em linguagem clara e prática, como somos persuadidos.

Depois de passar anos caindo na lábia de vendedores, arrecadadores de doações e operadores de telemarketing, o psicólogo Robert B. Cialdini resolveu se dedicar ao estudo da persuasão para entender quais fatores levam uma pessoa a dizer "sim" a um pedido e que técnicas exploram melhor tais fatores.

Reunindo dados das mais recentes pesquisas científicas sobre o assunto, histórias de gente comum e a experiência adquirida ao se infiltrar em organizações que treinam os chamados "profissionais da persuasão", criou uma obra acessível e indispensável a todos aqueles que querem saber como influenciar pessoas e, ao mesmo tempo, se defender dos manipuladores.

6 princípios psicológicos básicos governam o comportamento humano quando tomamos uma decisão e podem ser usados como verdadeiras armas:

1. Reciprocidade: nos sentimos compelidos a retribuir o que outra pessoa nos proporcionou;
2. Compromisso e coerência: depois de uma escolha feita, enfrentamos pressões para nos comportarmos de maneira condizente com o compromisso assumido;
3. Aprovação social: buscamos nos outros indícios do comportamento mais apropriado a seguir;
4. Afeição: acatamos pedidos de pessoas que conhecemos e de quem gostamos;
5. Autoridade: temos um arraigado senso de obediência à autoridade;
6. Escassez: tudo se torna mais valioso quando fica menos disponível.

Cada princípio é discutido em termos de sua função na sociedade e de como um profissional da persuasão pode mobilizar seu poder em vendas, doações, concessões, votos, permissões, interações, parcerias, etc. Todos estes argumentos funcionam como gatilhos mentais que se conectam rapidamente com uma parte específica do cérebro, "tocam" psicologicamente a mente humana, convencendo-a a tomar uma decisão.

LIVRO 5: MANUAL DE PERSUASÃO DO FBI

O agente especial do Programa de Análise Comportamental da Segurança Nacional do FBI, Dr. Jack Schafer desenvolveu estratégias dinâmicas e inovadoras para entrevistar terroristas e detectar mentiras.

Na obra, lançada em 2015, Dr. Schafer nos ensina como aplicá-las no cotidiano para obter sucesso nas relações interpessoais. Você quer influenciar pessoas recém-conhecidas? Quer entender através da linguagem corporal o que passa pela cabeça das pessoas? Quer descobrir se alguém está mentindo?

Jack explica que a confiança de qualquer pessoa pode ser ganha seguindo a fórmula da amizade: amizade = proximidade + frequência + duração + intensidade. Todas as técnicas de comunicação verbal e não verbal apresentadas têm o objetivo de fazer com que as outras pessoas se sintam bem em relação a você.

Leitura interessante para quem deseja conhecer mais sobre como criar conexão através da empatia, construir boas relações e influenciar outras pessoas.

LIVRO 6: A LÓGICA DE CONSUMO (MARTIN LINDSTROM)

Martin Lindstrom é um Consultor de Marcas, colunista da Harvard Business Review e da revista TIME e citado como uma das 100 pessoas mais influentes do mundo.

Em sua obra, de 2008, Lindstrom apresenta os bastidores do experimento de marketing, realizado por ele, que explica a influência social na decisão de compra e mostra como o cérebro das pessoas responde aos muitos estímulos da propaganda.

O livro contém uma descrição de um amplo estudo realizado sobre neuromarketing. Através das técnicas de mapeamento do cérebro é possível entender os desejos e sentimentos subconscientes que impulsionam as nossas decisões diárias de compra, bem como o fascínio que certos produtos exercem sobre nós.

O estudo descrito neste livro derruba uma série de mitos que temos sobre o que faz com que as pessoas comprem determinados produtos, inclusive a crença de que a utilização do sexo na publicidade ajuda a aumentar as vendas.

LIVRO 7: COPYWRITING: PALAVRAS QUE VENDEM MILHÕES (GUSTAVO FERREIRA)

Gustavo Ferreira é empresário, copywriter profissional e consultor estratégico de negócios. Em sua obra, lançada em 2015, o autor fala sobre o poder das palavras que vendem, tendo o Copywriting como a arte da comunicação persuasiva.

Para ele, o que faz a diferença no mercado não é ter o melhor produto, é ter a melhor carta de vendas. Exatamente por isso, este livro reúne a experiência do autor ao se tornar um copywriter de elite, e traz como conteúdo especial:

- Princípios de marketing e resposta direta;
- 152 headlines persuasivas escritas pelos maiores copywriters do mundo;
- 7 cartas de vendas que venderam mais de 1 Bilhão de dólares;

- 26 modelos para iniciar suas cartas de vendas;
- 7 passos de Gary Halbert para escrever um copy vencedor;
- Roteiro de 52 passos para cartas e vídeos de vendas;
- Como definir seu avatar corretamente;
- Como montar uma oferta irresistível;

E muito mais.

Leitura essencial para quem precisa escrever cartas de vendas para seu próprio negócio, atrair clientes e converter mais, e também para quem deseja se desenvolver como copywriter profissional.

Um verdadeiro tesouro prático para descobrir como apenas algumas palavras podem fazer a real diferença entre ser mais um no mercado ou se tornar um verdadeiro campeão de vendas.

LIVRO 8: E-MAILS QUE VENDEM (GUSTAVO FERREIRA)

Do mesmo autor mencionado antes, esta obra de 2016 mostra que é possível receber R$38 de retorno a cada R$1 investido em e-mail marketing, sendo portanto, a ferramenta mais rentável e geradora de resultados do marketing digital.

Imagine que você tem o poder de, a cada lead que entrar na sua lista de e-mails, faturar de R$3 a R$16? Essa possibilidade é apresentada como uma estratégia completa e provada de e-mail marketing, com as principais práticas de copywriting para gerar resultados.

Neste livro, você vai descobrir:

- Estratégias para construção de lista de e-mails;
- 9 modelos de páginas de captura para atrair "leads";
- 7 regras de ouro do e-mail marketing;
- Técnicas para extrair o máximo da sua lista de e-mails;
- A estratégia de ouro para manter os e-mails sempre interessantes;
- Estratégias para apresentação de ofertas e recuperação de vendas;

E muito mais.

A obra contém vários exemplos práticos e vai do básico, para quem está começando estratégias de e-mail marketing, até técnicas mais avançadas para tirar proveito de listas existentes. O sistema e os modelos neste livro são fruto de mais de 3 mil e-mails únicos escritos e testados pelo autor desde 2014.

Leitura obrigatória para quem deseja usar a ferramenta de e-mail marketing para maximizar resultados.

LIVRO 9: LIVRO DE OURO DOS GATILHOS MENTAIS (GUSTAVO FERREIRA)

Do mesmo autor, esta obra de 2016 é sobre estratégia de negócios e comunicação persuasiva.

Nesse livro, você irá aprender que o funcionamento do nosso cérebro é limitado, projetado apenas para sobreviver. Todas as decisões são feitas com esse objetivo, então, se você descobre os "atalhos" que o cérebro usa para tomar essas decisões e aplica em sua comunicação de vendas, as vendas simplesmente acontecem. Os gatilhos mentais são padrões que ativam esses atalhos no cérebro e causam um "curto-circuito" na mente do cliente.

Se isso é tão poderoso, como você pode usá-lo com o máximo de proveito?

Gustavo ensina a usá-los de uma forma totalmente diferenciada de outros livros. Para ele, um estrategista de negócios precisa planejar sua comunicação de forma abrangente, e usar mais do que apenas um ou outro gatilho. O verdadeiro poder dessas técnicas surge quando a estratégia de vendas é montada para um único objetivo: transformar a vida do cliente. E é disso que o livro trata.

O autor traz 32 Gatilhos Mentais e sua aplicação prática com as melhores estratégias de negócio, citando *cases* de sucesso reais, de empresas renomadas e fornece abordagem completa para trabalhar comunicação de vendas no seu negócio.

LIVRO 10: A ARTE DE ESCREVER PARA A WEB (PAULO MACCEDO)

Paulo Maccedo é escritor, copywriter e produtor de conteúdo para a web.

Na obra, lançada em 2017 e descrita como a mais vendida por sucessivas vezes no site da Amazon, ele mostra como realizar escrita persuasiva para promover conexão e encantar o público para que desenvolva o interesse imediato e se torne cliente.

A obra deriva do conhecimento do autor acerca de diálogos com profissionais de conteúdo, análise de obras de grandes estudiosos somadas ao grande repertório e experiência produzindo textos para sites, blogs, portais, redes sociais e criação de inúmeros conteúdos poderosos para diversos canais digitais.

Leitura obrigatória, rápida e com texto fácil de consumir, para redatores marqueteiros, comunicadores, empreendedores, donos de sites, blogueiros, profissionais de social media, e qualquer pessoa que esteja interessada em engajar pessoas e vender mais nos canais digitais.

Para o autor, "ou você vende ou aborrece as pessoas". Ele mostra conceitos universais, testados, que você pode aplicar em qualquer área, para vender qualquer coisa, para qualquer pessoa.

LIVRO 11: COPYWRITING (ROBERT BOWDERY)

Robert Bowdery é copywriter. Sua obra, de 2008 é uma verdadeira bíblia sobre o assunto, onde ele aborda o papel do copywriter nas estratégias de marketing, destacando a relação entre o pensar e as palavras e imagens que melhor se adequam em textos criativos.

Para ele, copywriting é o "processo criativo de escrever texto para anúncios ou material de publicidade" e seu livro, de conteúdo riquíssimo, traz diversos exemplos ilustrados que demonstram a gama extensa de trabalho no qual os copywriters estão envolvidos, ajudando ainda a entender porque alguns anúncios funcionam melhor do que outros.

O livro aborda também o papel dos redatores, a compreensão do produto, a importância de conhecer o público, o domínio da língua, o estilo e a publicidade em diversos contextos diferenciados.

LIVRO 12: MODERNAS TÉCNICAS DE PERSUASÃO (DONALD J. MOINE E JOHN H. HERD)

Os autores, estudiosos de Programação Neurolinguística (PNL), trazem nesta obra de 1988 as técnicas usadas intuitivamente pelos maiores vendedores, líderes políticos e executivos, que nunca puderam ser explicadas de modo sistemático antes que as pesquisas para esta obra tivessem sido feitas.

As pesquisas baseadas na PNL, semântica e cibernética tornaram estas estratégias fáceis de aprender e dominar. Tais técnicas promovem um método ético de influenciar clientes que demonstram, de forma espantosa, a sua eficácia, dia após dia.

Os autores citam que a persuasão moderna é "a habilidade de ver, ouvir e sentir o que os outros deixam escapar e de responder ao interessado de maneira interessante, com enfoque total no cliente".

O livro nos apresenta e ensina, com muita criatividade, a importância do estabelecimento de confiança, como tirar o melhor proveito de nossa voz, como lidar e administrar opiniões e convicções diferentes das nossas e descobrir o canal preferido de seu interlocutor.

LIVRO 13: THE BORON LETTERS (GARY HALBERT)

Essa maravilhosa obra de 2013 traz uma série de cartas do maior redator da história, Gary C. Halbert, explicando táticas privilegiadas e indicando o caminho da sabedoria para seu filho mais novo, Bond.

O livro pode ser compreendido como mais do que um mestrado em vendas e persuasão, melhor que um treinamento específico sobre como convencer as pessoas a comprar seus produtos ou serviços.

Leitura obrigatória para redatores e profissionais de marketing, pois as estratégias, segredos e dicas apresentados lidam honestamente com a parte da psicologia humana que nunca muda, ensinando como convencer e converter as pessoas em compradores, usando uma linguagem clara e muito acessível.

LIVRO 14: THE ROBERT COLLIER LETTER BOOK (ROBERT COLLIER)

Publicado pela primeira vez em 1931, The Robert Collier Letter Book é de longe o principal livro sobre como escrever cartas de vendas. Mas vai além disso. Como todos os grandes redatores sabem, essas técnicas são diretamente transferíveis para a Internet, seja por meio de cópia da Web ou por e-mail ou qualquer outra coisa.

Este livro rendeu a Robert Collier a distinção de ser uma das maiores mentes de marketing da história. As cartas de vendas de Robert Collier tiveram sucesso porque ele escreveu para as necessidades de seus leitores.

Como especialista em marketing, sua experiência em vendas e escrita colocou centenas de milhões de dólares nos bolsos de seus clientes.

Usando suas técnicas, é possível começar a obter resultados imediatos.

LIVRO 15: THE COPYWRITERS GUIDE TO GETTING PAID (ROY FURR)

Roy Furr é um consultor de negócios e copywriter freelance. Seus clientes aceleraram o crescimento, obtiveram resultados de 7 dígitos em campanhas de marketing individuais e obtiveram recordes de vendas.

Em sua obra, publicada em 2015, ele ensina como conquistar clientes incríveis e ganhar uma ótima vida como redator.

Se você comprou alguns livros ou cursos de copywriting, mas ainda não está fazendo o dinheiro que deseja como copywriter, este é o livro que você precisa. Tenha uma perspectiva privilegiada sobre o que é preciso para começar e ser pago como redator.

Neste livro, você descobrirá:

- Como conseguir seu primeiro cliente de copywriting;
- Que tipo de trabalho de redação paga melhor;
- A melhor maneira de começar, mesmo sem experiência;
- Como se promover e atrair grandes clientes;
- E muito mais.

O livro ainda inclui um modelo comprovado de "oferta irresistível" para obter o seu primeiro projeto de pagamento.

Se você quiser transformar suas habilidades de copywriting em dinheiro no bolso, encontrará o que procura nesta leitura rápida.

LIVRO 16: GABAY'S COPYWRITING COMPENDIUM (JONATHAN GABAY)

Jonathan Gabay é gestor de marketing criativo.

Sua obra, de 2005, traz dicas inspiradoras, ideias e descrições para ajudar o processo de escrita.

Para aqueles que lutam para desenvolver um copy bom e criativo e que estão familiarizados com o pânico (ou branco) enquanto estão sentados em frente a um dicionário e uma tela de computador, este livro é essencial.

Os escritores encontrarão uma grande quantidade de ajuda e informações, incluindo aconselhamento ortográfico e gramatical, um dicionário de rimas, eufemismos sugeridos, expressões idiomáticas, clichês, metáforas e dicas sobre como debater, como escrever textos inovadores e como pensar criativamente.

Este guia é totalmente atualizado para cobrir as habilidades de copywriting para uma ampla gama de mídias e seu layout fácil de ler ajudará os redatores a encontrarem rapidamente o que precisam para uma escrita eficaz.

LIVRO 17: MAKING THEM BELIEVE (DAN KENNEDY)

Dan Kennedy é Assessor Estratégico, Consultor e Coach de Negócios.

Sua obra, lançada em 2010, traz 21 princípios de marketing, para fornecer um modelo para publicidade aventureira, marketing, promoção e promoção pessoal que pode instalar uma "fonte de lucros" em praticamente qualquer negócio. Se você quer se tornar ou tornar sua empresa famosa e magneticamente atraente, local ou globalmente, esse livro é para você.

Neste livro, você descobrirá:

- Caminhos dinâmicos para o máximo de autoridade na sua área;
- A pergunta a se fazer que multiplica drasticamente o poder da publicidade e eleva você acima de toda a concorrência;

- 3 Passos para o uso inteligente da mídia;
- Uma mudança radical e revolucionária para toda a sua abordagem de vendas;
- A melhor resposta de todos os tempos, para toda e qualquer objeção de preço;

A obra ainda inclui exemplos de arquivos e carta de vendas de cases de sucesso.

LISTA DE SITES USADOS PARA PESQUISA:

1. https://www.awai.com/
2. https://www.copyblogger.com/
3. https://rayedwards.com/
4. https://frankkern.com/
5. http://www.thegaryhalbertletter.com/
6. https://nobsinnercircle.com/
7. https://www.abraham.com/
8. https://copycon.com.br/
9. http://copyhacks.com.br/
10. https://paulomaccedo.com/
11. https://onovomercado.com.br/
12. http://www.russellbrunson.com/hi
13. https://sbcopy.com.br
14. https://www.fredribas.com.br/
15. https://novaescolademarketing.com.br/
16. https://thecopywriterclub.com/about/
17. https://www.robertcialdinibf.com/

Presente

Decidi dar um presente a você que leu este livro até o fim e deseja aperfeiçoar os conhecimentos como copywriter: 50% de desconto na inscrição do meu curso "Copywriting e Escrita Poderosa". O curso, lançado pela Nova Escola de Marketing, é composto por aulas estruturadas sobre o método centenário de escrita mais cobiçado do mercado americano, alguns bônus exclusivos e um certificado de conclusão.

Acesse o link:

paulomaccedo.com/curso-com-desconto

Bônus

Ao ler esse livro até o final, você também garantiu o direito a 3 bônus exclusivos. São materiais complementares para você avançar com seus resultados em copywriting. Para acessá-los sempre que precisar, acesse o link: paulomaccedo.com/bonus-livros-copy

Outras Obras do Autor

Copywriting - Volume 2
A Habilidade de Ouro Usada por
Milionários para Transformar Palavras em Lucro

A Arte de Escrever para a Web

Eu, Vendedor

www.dvseditora.com.br

Impressão e Acabamento | Gráfica Viena
Todo papel desta obra possui certificação FSC® do fabricante.
Produzido conforme melhores práticas de gestão ambiental (ISO 14001)
www.graficaviena.com.br